Modernos ataques contra la familia
&
El noviazgo católico

CARLOS MIGUEL BUELA

MODERNOS ATAQUES CONTRA LA FAMILIA
&
EL NOVIAZGO CATÓLICO

Edición actualizada y corregida

IVE Press
New York – 2007

Cover Design
   © IVE Press

Text Design
   © IVE Press, New York
      Institute of the Incarnate Word, Inc.
      All rights reserved

Manufactured in the United States of America

113 East 117th Street
New York, NY 10035

Ph. (212) 534 5257
Fax (212) 534 5258

Email ivepress@ive.org

http:// www.ivepress.org

ISBN 1–933871–38–5

Library of Congress catalogue.

Printed in the United States of America ∞

CONTENIDOS

PRESENTACIÓN

La familia, en estos tiempos modernos, ha sufrido como ninguna otra institución la acometida de las transformaciones de la sociedad y de la cultura. Algunas han permanecido fieles a los valores que fundamentan la familia; otras se han dejado ganar por la incertidumbre y el desánimo; otras caminan en la duda y en la ignorancia de su naturaleza y misión. La misión de la Iglesia, Madre no sólo de los individuos sino de las familias cristianas, a unos debe sostener, a otros iluminar y a los demás ayudar en su camino a tientas por este mundo, para conducirlos a la Luz de la Vida Eterna.

En esta publicación reproducimos dos trabajos del Padre Carlos M. Buela, V.E. El primero es un artículo titulado *Modernos ataques contra la familia*, publicado primeramente en la Revista Mikael, en el año 1975[1] y seguidamente en una separata de la misma Editorial, agotado, reeditado y vuelto a agotar; lo que muestra a las claras la gran aceptación y uso por parte de las familias. A 32 años de distancia, su valor no se ha empañado; por el contrario hoy más que nunca el matrimonio y la familia necesitan conocerse para poder cumplir su misión en el mundo; es necesario conocer su esencia, sus fines, sus prerrogativas, sus dones y los enemigos que la amenazan tal vez como nunca en la historia de los hombres. Como escribía el Papa Juan Pablo II en la Exhortación Apostólica *Familiaris Consortio*: "Familia, ¡sé lo

---

[1] P. Carlos M. Buela, *Modernos ataques contra la familia*, Rev. Mikael 15 (1977), Paraná, Argentina, pp. 31–64.

que eres!"[2]; para ello tiene –ante todo– que aprender lo que ella es.

El segundo artículo, titulado *El noviazgo católico*, apareció en la Revista Diálogo[3] completando el tema anterior con las agudas reflexiones del autor sobre la importante etapa que prepara para el matrimonio y que, en muchos casos, decide definitivamente el futuro del matrimonio. En esas páginas el Padre Buela ha volcado gran parte de su experiencia pastoral con jóvenes novios, a muchos de los cuales ha acompañado en su preparación para el Sacramento del Matrimonio. Podrán encontrar allí las líneas seguras de una moralidad y espiritualidad del noviazgo fundado en el amor a Cristo y a la Iglesia y en la grandeza del don al que es preparación.

En unión con lo dicho el Papa Juan Pablo II en su *II Encuentro con las Familias* en Río de Janeiro (Brasil), también nosotros reconocemos que "la salvación de la persona y de la sociedad humana y cristiana está estrechamente ligada a la prosperidad de la comunidad conyugal y familiar"[4].

Como el mismo Papa había escrito mucho tiempo antes, al dedicar su Exhortación *Familiaris consortio* a las familias: "A vosotros esposos; a vosotros, padres y madres de familia. A vosotros, jóvenes, que sois el futuro y la esperanza de la Iglesia y del mundo, y seréis los responsables de la familia en el tercer milenio que se acerca. A vosotros, venerables y queridos hermanos en el Episcopado y en el sacerdocio, queridos hijos religiosos y religiosas, almas consagradas que testimoniáis a los esposos la realidad última del amor de

---

[2] Juan Pablo II, *Exhortación apostólica post–sinodal "Familiaris consortio"*, n° 17.

[3] P. Carlos M. Buela, *El noviazgo católico*, Rev. Diálogo 4 (1992), San Rafael, Argentina, pp. 7–22.

[4] Juan Pablo II, Meditación mariana del 14 de septiembre, L'Osservatore Romano, 19 de septiembre de 1997, p.1. La cita es de la Constitución pastoral "Gaudium et spes", n° 47.

Dios. A vosotros, hombres de sentimientos rectos... *¡El futuro de la humanidad se fragua en la familia!* Por consiguiente es indispensable y urgente que todo hombre de buena voluntad se esfuerce por salvar y promover los valores y exigencias de la familia"[5].

---

[5] Juan Pablo II, *Exhortación apostólica post–sinodal "Familiaris consortio"*, n° 86.

MODERNOS ATAQUES CONTRA LA FAMILIA

Ante nuestros ojos, ya anestesiados por el acostumbramiento, se pretende destruir **todo** lo correspondiente al **orden natural** con la malsana esperanza de que, una vez quitados los cimientos en los que se apoya el orden sobrenatural, éste también se destruya.

En estos últimos tiempos se ha podido notar un particular empeño en buscar destruir la **FAMILIA**, "célula... de la sociedad"[6] e Iglesia doméstica[7], con la loca pretensión de arrastrar en su caída a la sociedad y a la Iglesia, ya que, ciertamente, es en el santuario familiar donde se aprende a amar a Dios, a la patria y al prójimo. Sólo en las familias sanas —y fuera de ellas, por excepción— se forman hombres virtuosos y fuertes, o sea, los héroes y los santos, que son los únicos capaces de forjar la patria y de plantar la Iglesia hasta con su sangre, si fuera necesario.

Son múltiples los **ATAQUES** que soporta actualmente la familia: desde los que pretenden liquidar, lisa y llanamente, la institución familiar, hasta los que la insidian con miles de sofismas para disolverla y ablandarla o, incluso, para negarle el rol primigenio que le corresponde, cosa que hace, por ejemplo, el P. André Aubry, O.P., quien sostiene que **"...por indispensable que sea, ya no es (la familia) la célula base de la sociedad..."**.[8]

En una apretada síntesis, trataremos de ver los principales frentes en los que se bombardea sistemáticamente a la familia católica. Estos frentes, a nuestro entender, son **cinco**:

---

[6] Pío XII, Radiomensaje, 1°–6–41, *Colección Encíclicas Pontificias*, Editorial Guadalupe, p. 1583.

[7] San Agustín: "es una no pequeña Iglesia de Cristo". Epíst. 188,3, BAC, t. XI, p. 5.

[8] André Aubry, O. P., *Una Iglesia sin parroquias*, Edit. Siglo XXI, México, 1974, p. 26.

1) la esencia

2) los fines

3) la autoridad

4) la natalidad

5) el amor

En cada uno de estos aspectos de la familia pueden citarse numerosos ejemplos —incluso dentro del campo denominado "católico"— de la obra disolvente y subvertida del orden natural y sobrenatural llevada a cabo por los modernos émulos de Voltaire, Rousseau, Freud, Marx, Marcuse y compañía.

1. LA ESENCIA DEL MATRIMONIO

Dios mismo es el Autor de la familia y Él mismo es su Restaurador, ya que la elevó a la categoría y dignidad de sacramento. Esto quiere decir que la familia no es de institución humana, sino de **institución divina**, no pudiendo, por lo tanto, estar sujeta al capricho subjetivo y cambiante de los hombres, en razón de participar, en su medida, de la misma inmutabilidad de Dios, con respecto a su naturaleza, fines y leyes –que no pueden ser otros que los dados por el mismo Dios, Autor y Restaurador de la familia.

Brevemente, podemos decir, que el matrimonio católico es, en su esencia, la sociedad formada por el mutuo consentimiento **ante Dios**, de **"UNO CON UNA Y PARA SIEMPRE"**[9].

Contra este orden natural y divino –"uno con una y para siempre"– podemos señalar seis destrucciones principales:

–**uno con muchas**

–**muchos con una**

–**uno con uno o una con una**

---

[9] Santo Tomás de Aquino, *Suma Contra Gentiles*, IV, 78, BAC, 1968, t. II, p. 938.

–muchos con muchas

–uno con una por un tiempo

–uno con una ante sí.

1º POLIGAMIA

En primer lugar están quienes militan para que la relación sea de uno con muchas, es decir, que sostienen la **poligamia** practicada abiertamente por los mahometanos y pueblos orientales primitivos y, solapadamente, por gran número de los que se llaman a sí mismos cristianos y que, a veces, hasta se creen grandes defensores del occidente cristiano. O sea: son cristianos de nombre, pero auténticos musulmanes en la práctica.

La poligamia puede ser **simultánea** –el caso de los harenes– o **sucesiva** –por ejemplo, los divorcistas (como es el caso de tantos artistas corrompidos y corruptores) y los Casanovas, donjuanes y picaflores. Vale la pena recordar, y sobre todo hacer conocer entre los jóvenes, que el ilustre médico y endocrinólogo español, Dr. Gregorio Marañón, en un brillante estudio ("donjuán"), ha demostrado, contra la creencia común, que los donjuanes son, en el fondo, **homosexuales**, ya que en ninguna mujer encuentran acabada satisfacción.[10]

2º PROSTITUCIÓN

En segundo lugar encontramos a quienes consideran que la relación debe ser de **muchos con una**. Tal es el caso de la **poliandria**, practicada abiertamente en algunas zonas de Asia y, encubiertamente, en todos los prostíbulos de Occidente, en donde jóvenes y viejos pagan a una pobre

---

[10] Gregorio Marañón. *Don Juan* (Octava edición. Madrid: Espasa Calpe S.A. 1958).

mujer para que los masturbe. Porque otra cosa no es esa relación sino un acto del más degradante egoísmo y de ningún modo expresión de amor. Y esto ocurre no sólo en los prostíbulos. En los hoteles de lujo de las grandes ciudades, se ofrecen ciertos "servicios" para las mujeres – generalmente turistas extranjeras de dinero– quienes, previa elección por medio de un álbum fotográfico, pagan por el hombre elegido...

3º "MATRIMONIO" DE HOMOSEXUALES

Otra forma de subversión del contrato matrimonial es la que intentan realizar **uno con uno** o **una con una**, como es el caso de las prácticas homosexuales que "claman al cielo" (cf. Gn 18,20–21).

Existe toda una campaña perfectamente orquestada en favor de la homosexualidad y promovida por el cine, libros pseudos–científicos y numerosas revistas. ¡Hasta dónde habremos caído para que el Papa, a través de la Congregación para la Doctrina de la Fe, haya tenido que recordar que "los actos de homosexualidad son **intrínsecamente** desordenados y (que) no pueden recibir aprobación **en ningún caso**"![11]

Porque debe recordarse que en este mundo moderno ya hay muchos países donde esta aberrante práctica ha sido legalizada.

Incluso en nuestro propio campo católico, en países como Francia, Holanda, Bélgica, España, etc., algunos teólogos, moralistas y profesores, pretenden justificar como normal y natural tamaña desviación. Así, por ejemplo, entre muchos otros que podrían citarse, el P. Callewaert, O.P., Dr. en teología, profesor de la Universidad católica de Lovaina,

---

[11] Declaración acerca de ciertas cuestiones de ética sexual, 29/12/75, nº 8.

quien desde 1966 sostiene que: "... debemos sostener a los homófilos en su esfuerzo de VIVIR SU ESTADO DE HOMÓFILO, dándole su sentido TOTAL, sin pretender saber por adelantado lo que es posible o LÍCITO..."[12]

También el caso de *Dignity*, cuyo objetivo primario es ayudar al católico gay a comprender que para ser cristiano no necesita rechazar su homosexualidad, sino que debería más bien ser totalmente el mismo con el fin de ser plenamente cristiano. "Dignity luchará por el derecho del gay a usar el sexo a su modo. No tenemos intención de eludir el problema, o rebajarlo, o empujar a nuestros miembros a una vida célibe. No queremos que la gente se limite a aceptarnos como seres humanos. Queremos que acepten el hecho de que porque somos humanos tenemos derecho a usar del sexo del único modo que para nosotros es natural. Cuando se acepte esto se nos verá fácilmente como seres humanos patrióticos, moral y físicamente sanos."[13]

¡Si antes nos escandalizábamos con los vomitorios romanos, hoy debemos reconocer que eran meros juegos de niños, comparados con estas aberraciones modernas... y con la depurada técnica científica del "transex": la operación quirúrgica para cambiar de sexo...!

4º "MATRIMONIO" GRUPAL

Pero aún hay más. En este mundo moderno disoluto y decadente están quienes sostienen que las relaciones deben ser de **muchos con muchas.** Es la llamada MULTIRRELACIÓN o "CAMAS REDONDAS".

[12] Cit. en "Jauja", Bs. As., n° 7, julio 1967, p. 23.
[13] *La Iglesia ante la homosexualidad* by John J. McNeill, Colección Relaciones Humanas y Sociología 9, Ediciones Grijalbo S. A., Barcelona, p. 101.

Esta relación grupal –"Gruppensex" en alemán– puede ser **simultánea** –las "comunas" de hippies– o **sucesiva** –los intercambios de parejas. La idea del sexo grupal se ha hecho muy aceptable socialmente hoy en día.

a) "Comunas"

Respecto a la multirrelación simultánea, veamos algunos de los argumentos esgrimidos por los miembros de una comunidad marxista, la denominada "Comunidad del Sur", formada en el Uruguay y luego radicada en Argentina. En un reportaje de la publicación marxista, de orientación trotskista, "Nuevo Hombre", editada en Buenos Aires, entre otras cosas declaran[14]:

–"Algunos de nosotros estamos convencidos que para lograr algún día relaciones de no propiedad, relaciones libres entre seres humanos, debemos luchar contra el exclusivismo sexual...".

Otro afirma:

–"Algunos han planteado la necesidad... de integrar la revolución sexual a la revolución político–social".

Otro:

–"¿Cuáles son los límites que me impiden tener nuevas relaciones sexuales...? ¿Son los prejuicios de la sociedad occidental y cristiana? Cuando un militante dice: 'mi mujer', 'mis hijos', está expresando una ideología... no muy revolucionaria que digamos".

Otro:

"Todos sabemos que el matrimonio, la familia tradicional, es la base de la estructura social predominante. Es necesario rechazar la concepción tradicional del matrimonio; para el hombre, no aceptar la opresión de su mujer y el rol de autoridad para sus hijos. Para la mujer

---

[14] "Nuevo Hombre", Bs. As., año 1, n° 4, 11–17 agosto 1971.

emanciparse, luchar contra los prejuicios de la moral burguesa; no aceptarlos; reivindicar la posibilidad de amar y de ser amada en una pluralidad de relaciones".

Otro:

"Queremos despojar a las relaciones humanas, al placer sexual de todas las prohibiciones, de todos los prejuicios, de todas las máscaras y hacer de él algo más que un juego: un elemento de felicidad subversiva..."

Aquí conviene recalcar el proceso lógico de esta posición: el tratar de abolir una realidad de derecho natural como es la propiedad privada lleva primero a poner en común los bienes materiales y, luego, **si se es coherente**, a poner en común los hijos y hasta la misma esposa...

O sea: por negar la propiedad privada, estos marxistas llegan a la horrible degeneración de las relaciones múltiples, engendradoras en serie de hijos sin padres y de madres prostituidas. ¡Pobres hijos! Cuando quieran manifestar cariño filial, le darán un beso a... ¡la comunidad!

b) Intercambios de parejas

La multirrelación sucesiva está constituida por los abominables "intercambios de parejas", en lo que suelen terminar algunas reuniones de sociedad o de camaradería.

Que esta abominación no es excepcional lo señala el hecho que en Inglaterra existían, ya en 1967, por lo menos dos clubes dedicados a favorecer este intercambio, bajo ciertas condiciones y por tiempo a fijar. Y en Génova, hacia la misma época, habían comenzado los avisos de cambios de cónyuges para pasar el fin de semana... [15] Actualmente en

---

[15] Cit. en "Jauja", Bs. As., n° 7, julio 1967, p. 22. De acuerdo a la obra de Terry Gould (*"The Lifestyle: A Look at the Erotic Rites of Swingers"*), el intercambio de pareja comenzó entre los pilotos de la fuerza aérea y sus esposas durante la Segunda Guerra mundial. A partir de los años

todas partes de Europa, los Estados Unidos y partes de Asia existen clubes de intercambio de esposas, dedicados a favorecer este intercambio, bajo ciertas condiciones y por tiempo a fijar.

5º "MATRIMONIO" A PRUEBA

Otra desviación es la de quienes pretenden que el matrimonio es de **uno con una,** pero **por un tiempo**, y no hasta que la muerte los separe. Defienden esta posición los divorcistas; los que piden "la prueba de amor"; los que hablan de "un tiempo de prueba", etc.

La Iglesia Católica se opuso, se opone y se opondrá siempre a tales prácticas. No nos olvidemos que no trepidó en perder Inglaterra, antes que conceder un solo divorcio que pedía nada menos que el rey Enrique VIII. Perdió un reino terrenal, pero se mantuvo firme en su fidelidad a Dios y en la defensa del orden natural, fundamento de la civilización cristiana.

6º "MATRIMONIO" LAICO

La última destrucción contra el orden natural y divino es la de algunos bautizados, quienes creen válido el matrimonio de **uno con una ante sí**, propiciando el llamado "matrimonio laico", que seculariza y desacraliza la realidad sagrada del matrimonio católico. Quienes esto afirman se arrogan la facultad de alterar la esencia y las leyes de la institución familiar como si Dios, Sumo Legislador y la Iglesia, su fiel intérprete, no tuvieran derechos y obligaciones imprescriptibles sobre ella.

1960 la práctica se ha extendido en USA y Europa principalmente y de ahí a muchos otros países.

Tales son, a grandes rasgos, las seis desviaciones con las que se falsea la naturaleza misma del contrato natural elevado a la dignidad de sacramento, por el que "uno con una y para siempre" se vinculan ante Dios.

2. LOS FINES DEL MATRIMONIO

Los fines esenciales y complementarios del matrimonio son

—La procreación y educación de los hijos, y

—La manifestación del amor mutuo.

Que ambos sean **esenciales**, no quiere decir que no deba darse una **subordinación** entre ellos, ya que **una** sola cosa es imposible que tenga **varios** fines **últimos**.

El fin esencial primario es la procreación y educación de la prole, y los fines esenciales secundarios "son la ayuda mutua, el fomento del amor recíproco y la sedación de la concupiscencia"[16].

Pío XII enseña con claridad que los fines secundarios "...aún siendo intentados por la naturaleza, no se hallan al mismo nivel que el primario, y menos aún le son superiores; antes bien, le están esencialmente subordinados"[17].

Aunque algunos no usen esta terminología precisa, consagrada por el Magisterio de la Iglesia, se ven obligados,

---

[16] Pío XI, *Casti Connubii, op. cit.*, p. 1245.

[17] Pío XII, *Discurso a las obstétras de Roma,* 29–10–51. Cit. por el Concilio Vaticano II, Constitución Pastoral *Gaudium et Spes,* n° 52, nota 14; y reproducido parcialmente por Antonio ROYO MARIN, O. P., *Teología Moral para seglares,* BAC, 1961, t. II, p. 526.

de grado o por fuerza, a reconocer la **realidad** que ella traduce, si es que quieren permanecer dentro de la doctrina católica.

Algunos pretenden ampararse en el Concilio Vaticano II para escamotear o alterar la esencial subordinación de los fines del matrimonio anteponiendo el amor a la procreación, es decir, haciendo de lo segundo primero y viceversa. Quienes tales afirmaciones sostienen, demuestran de ese modo su ignorancia de los documentos conciliares.

Según el Papa Pablo VI, las enseñanzas del Vaticano II se entienden siempre en la misma línea "del Magisterio eclesiástico **anterior**", del que el Concilio no es más que "continuación, explicación e incremento"[18].

Además la Constitución Pastoral "Gaudium et Spes" del Concilio Vaticano II, en su capítulo "Dignidad del matrimonio y la familia", en apoyo de su doctrina, cita ¡cinco veces! la encíclica "Casti Connubii" de Pío XI, que data de 1930, y que es la Carta fundamental del Matrimonio Cristiano. Y al hablar de los "varios fines" del matrimonio, la "Gaudium et Spes" en su párrafo 48 remite en una nota a San Agustín, a Santo Tomás y a la encíclica "Casti Connubii", donde se afirma explícitamente la subordinación de los fines.

Por lo tanto, si el Concilio Vaticano II cita, **en su apoyo**, documentos anteriores del Magisterio de la Iglesia es porque, al mismo tiempo, avala la doctrina que ellos contienen, como no podía ser de otra manera. De lo contrario, estaríamos en pleno absurdo e incoherencia lógica.

Sin embargo, contra tan clara enseñanza del Magisterio de la Iglesia, muchos siguen sosteniendo y enseñando la primacía del amor sobre la procreación. Así, por ejemplo, el

---

[18] Pablo VI, Carta al Congreso Internacional de Teología de 1966, L'Osservatore Romano, 26–27 septiembre 1966.

P. Héctor J. Valla, S.D.B.: "...el matrimonio tiene un segundo fin esencial que es la procreación y educación cristiana de los hijos"[19]. Otro ejemplo es un libro editado por el Rev. Anthony Kosnik, que según la Congregación para la Doctrina de la Fe, «en cuanto concierne a la enseñanza del Vaticano II, notamos aquí [en el libro] otro concepto erróneo. Este libro afirma repetidas veces que el Concilio deliberadamente rechazó el mantener la jerarquía tradicional de fines primarios y secundarios del matrimonio, abriendo "la Iglesia a una nueva y más profunda comprensión sobre el significado y valor del amor conyugal" (p. 125). Al contrario, la Comisión para los Modos declaró explícitamente, ante la propuesta presentada por muchos padres de incluir esta jerarquía en el texto del n. 48, que "en un texto pastoral que intenta establecer un diálogo con el mundo, no se requiere la presencia de elementos jurídicos. ... En todo caso, la importancia primordial de la procreación y de la educación es mostrada al menos diez veces en el texto" (cf. Nm 48 y 50)».[20]

---

[19] Héctor J. Valla, S.D.B., *La gracia y los sacramentos de la Iglesia*, "Didascalia", Rosario, marzo 1976, p. 51.

[20] Congregación para la Doctrina de la Fe, Nota doctrinal sobre el libro *Human Sexuality: New Directions in American Catholic Thought*, estudio comisionado por la Catholic Theological Society of America y editado por el Rev. Anthony Kosnik, 13 de julio de 1979, L'OR, edición semanal en inglés, 17 de diciembre de 1979, pp. 9–11 (en Enchiridion Vaticanum, Bologna 1962–1998, Vol. VI, nn. 1705–1721). El texto es del n. 1714: «Furthermore, in regard to the teaching of Vatican II, we note here another mistaken notion. This book repeatedly states that the Council deliberately refused to retain the traditional hierarchy of primary and secondary ends of marriage, opening "the Church to a new and deeper understanding of the meaning and value of conjugal love". On the contrary, the Commission of the Modi declared explicitly, replying to a proposal brought forward by many Fathers to put this hierarchical distinction into the text of n. 48, "in a pastoral text which intends to institute a dialogue with the world, juridical elements are not required.

Al alterar y subvertir de este modo los fines del matrimonio –haciendo del segundo primero y viceversa–, en la institución familiar se produce un descalabro simplemente catastrófico.

Si el fin primario es el amor (y éste reducido a pura sensibilidad), no se ve cómo no se ha de cohonestar, por ejemplo:

– el **adulterio**, siempre que un hombre sea infiel a su propia esposa por amor a otra;

– el **concubinato**, siempre que sea por amor;

– la **prostitución**, siempre que sea por amor y no por lucro;

– el **incesto**, tan exaltado hoy en día por películas como "Kinsey", y psicólogos que apoyan en los Estados Unidos una campaña pro–incesto convencidos de que no hay nada de malo con él; [21]

– las **relaciones prematrimoniales**, siempre que sean por amor, como con descaro y sin vergüenza se afirma en una revista[22];

…In any case, the primordial importance of procreation and education is shown at least ten times in the text" (cf. nn. 48 and 50)».

JUAN PABLO II AUDIENCIA GENERAL Miércoles 10 de octubre de 1984: "Con este renovado planteamiento, la enseñanza tradicional sobre los fines del matrimonio (y sobre su jerarquía) queda confirmada y a la vez se profundiza desde el punto de vista de la vida interior de los esposos, o sea, de la espiritualidad conyugal y familiar."

[21] Hollywood produjo una película "Kinsey" que glorifica a Alfred Kinsey, un infame sexólogo que llamó a la pedofilia, la homosexualidad y a otras distorsiones, verdaderamente normales.

[22] "El Mensajero de San Antonio", Bs. As., enero 1977, p. 20. El sexo prematrimonial se ha hecho tan normal hoy en día que las dos principales cadenas televisivas de habla española en los Estados Unidos, Telemundo y la Univisión, tiene un promedio de 4.34 referencias sexuales por hora. www.parentstv.org/PTC/publications/reports/spanishstudy/main.asp

– el divorcio, cuando un cónyuge deja de amar al otro;

– etc., etc., etc.

Si el fin primario es el amor, pierde el matrimonio aquello que lo constituye y distingue singularmente de todo otro tipo de sociedad.

Si el fin primario es el amor, y no la procreación y educación de los hijos, se despoja el matrimonio del carácter privilegiado que tiene como anterior y superior a toda otra sociedad, incluso el Estado, tal como lo reconoce la misma ley natural.

Si el fin primario es el amor, ¿en qué se diferencia el matrimonio de la simple sociedad amical, o de las sociedades filantrópicas?

Si el fin primario es el amor ¿por qué no "lavarse las manos" cuando se trata de algo tan engorroso como es la educación de los hijos?

1º LA MUJER Y LAS RELACIONES PREMATRIMONIALES

En el caso de esa profanación anticipada del sacramento del matrimonio, que son las relaciones prematrimoniales, la mujer lleva la peor parte:

– pierde la virginidad;

– se siente esclavizada al novio que busca tener relaciones cada vez con mayor frecuencia;

– no puede decirle que no, porque tiene miedo que él la deje, reprochándole que ella ya no lo quiere;

– vive con la gran angustia de que sus padres se enteren de sus relaciones;

– participa de las molestias del acto matrimonial, sin tener la seguridad y la tranquilidad del matrimonio.

El novio, por el contrario, no tiene apuro en concretar la boda, ya que obtiene beneficios como si estuviera casado, sin estarlo y, además, el hombre no queda embarazado –por lo menos, hasta ahora–; la mujer sí, y éste es un peligro demasiado real como para que ella no lo tema.

Si ocurre el embarazo, generalmente se empuja a la mujer al **aborto** –"crimen abominable" lo llama el Concilio Vaticano II[23]– que es la muerte injusta de un ser humano, **INOCENTE, INDEFENSO Y SIN BAUTISMO**, y es la mujer quien principalmente conservará toda la vida el remordimiento del cobarde acto cometido[24].

---

[23] Concilio Vaticano II, *Gaudium et Spes*, n° 51.

[24] Debe señalarse que en Francia, los redactores de la revista "Etudes" (enero 1973), en contra de las claras enseñanzas de Pío XII (29/10/51), reiteradas por Pablo VI (9/12/72), sostienen que "el aborto no es siempre un crimen", para lo cual han inventado una teoría según la cual el feto tiene "dos vidas", una "humana" –la fetal– y otra "humanizada", que proviene de la relación con los padres. Cuando esta "humanización" se vuelve imposible, no habría infanticidio, pues sólo existe la vida número uno, la "humana"... Además, para decidir cuándo se puede "interrumpir el embarazo"–púdico eufemismo para este cobarde asesinato– el P. Ribes, director de "Etudes" proponía en ese artículo un "Consejo de Consulta" –o sea, en realidad, un auténtico "Instituto de la Muerte"– (cf. Marcel CLÉMENT, *Combat pour l'espérance*, Edit. de l'Escalade, Paris, 1975, pp. 255–260).Contra esta nueva hipocresía feticida del progresismo, la doctrina tradicional de la Iglesia sobre el aborto está sintetizada en una nota del editor argentino de una obra que debería ser libro de cabecera y herramienta de consulta de todo hogar católico: el "Catecismo de San Pío X": "El aborto, hoy legalizado en algunos países, es un pecado gravísimo contra el 5° mandamiento, pues es un HOMICIDIO TRIPLEMENTE CALIFICADO por los agravantes de manera que un ser totalmente INOCENTE, INDEFENSO y SIN BAUTISMO, privándolo así de la vida eterna, infinitamente superior a la vida temporal" (N. del E.). (*Catecismo de San Pío X*, Ed. Cruz y Fierro, 1976, p. 64 n. 1).

Además, si ya en el noviazgo se ha derribado toda barrera, ¿qué le quedará a la mujer cuando en el matrimonio –¡si es que llega!– sea solicitada sin arreglo a la razón o a la moral? Si no supo respetarse y hacerse respetar en el noviazgo, será imposible –salvo excepción– que se la respete en el matrimonio. Si llega a la boda, lo hará sin alegría, sin ilusión, sin esperar recibir nada ni poder dar nada nuevo. Y luego, muchas veces, al tener alguna discusión en su matrimonio, escuchará con dolor el reproche de su marido que no dejará de recordarle su vergonzoso pasado.

La Iglesia Católica, al defender a capa y espada la santidad matrimonial no ha hecho otra cosa, durante ya más de 20 siglos que defender a la mujer, "que es un vaso más frágil" (1Pe 3,7) y a los hijos, que son los que más sufren cuando se alteran las leyes divinas que rigen al matrimonio. Desde el siglo I, la Iglesia es la mayor defensora de la familia al haber luchado siempre para que la mujer no fuese convertida en un mero objeto de placer, ni los niños en meros hijos de incubadora.

2º LOS HIJOS DE PADRES SEPARADOS

¡Cuánto dolor hay en los hijos de padres separados, padres que se olvidaron que el fin primario del matrimonio es la procreación y educación de los hijos!

Baste sólo esta carta que escribió un niño:

"Dulce Niño Jesús te suplico mucho que me lleves al cielo. Quisiera ser ángel. Y te prometo que seré un ángel muy bueno y haré todo cuanto me mandes. Pero aquí estoy muy mal. ¿Sabes que papá echó a mamá, porque se casó con otra mamá? Mamá me llevó consigo, pero yo lo paso muy mal con ella. Desde entonces no he tenido bombones. Y aquí hace mucho frío. Mamá llora siempre. Ahora ha venido también un nuevo papá a mamá, pero mamá llora siempre mucho. El nuevo papá es borracho. Mamá se ha quejado a las vecinas, diciendo que no sabe qué hacer, porque nos morimos de hambre. Yo ya he dicho a mamá que voy a matar al nuevo papá. Pero mamá dice que se enojará el Niño Jesús. He aprendido en la escuela que los ángeles tienen una vida muy feliz y no tienen que hacer más que obedecerte a Ti. Por esto yo quisiera ser ángel, porque lo paso muy mal. Niño Jesús, que vengas pronto a buscarme. Te besa las manos Juanito"[25].

La separación de los padres es uno de los factores precipitantes que lleva al adolescente a la drogadicción, como señala el Dr. Straface en *Mikael* n° 13.

3º DOS FINES ESENCIALES COMPLEMENTARIOS PERO SUBORDINADOS

Nosotros no podemos menos que afirmar con todas nuestras fuerzas, junto con el Magisterio de todos los tiempos, que los fines esenciales del matrimonio no se excluyen sino que son complementarios en la primacía de la procreación y educación de los hijos sobre el amor mutuo. Y ésta es una realidad tan ínsita en la naturaleza misma del matrimonio y explícita en la Ley de Dios, que el Angélico y Común Doctor enseña:

"No se ha de tener por pecado leve procurar la emisión seminal sin debido fin de generación y de crianza. Después del pecado de homicidio, que destruye la naturaleza humana ya formada, tal género de pecado parece seguirle por impedir la generación de ella"[26].

---

[25] Reproducida por fina gentileza del P. Marcos PIZZARIELLO, S. J., quien la leyera en su programa radial "Oraciones siglo XX".

[26] Santo Tomás de Aquino, *Suma Contra Gentiles*, III, 122, BAC, t. II, p. 468.

Pero, además, se debe decir que si hay un error "en más": exaltar al amor como fin primario, también hay otro error "en menos": quitar al amor el carácter de fin esencial – aunque secundario– que tiene, como si el único fin esencial fuese procrear y educar a los hijos.

Si consideráramos a la procreación como el **único** fin esencial, se seguirían las siguientes consecuencias deplorables:

– podrían disolverse los matrimonios que no pudieran tener hijos;

– podrían separarse los matrimonios con hijos mayores, cuando, por la edad, ya no pudieran tener más;

– podría cohonestarse la inseminación artificial:

· Tanto la ágama: entre no casados;

· Como la heterónoma: entre mujer casada y varón que no es su marido;

· y la homógama, entre casados[27];

– podría aceptarse la **fecundación in vitro**, que daría los llamados "hijos de probeta"[28];

– y se aceptaría como una bendición la proliferación de los **bancos de semen**, donde se registran las características del donante (color de ojos, cabello, estatura, grupo sanguíneo, etc.), para que el esperma sea elegido en función del aspecto físico del marido y de la mujer por inseminar, asegurándosele, por otra parte, al donante, que su anonimato será escrupulosamente respetado[29].

---

[27] Antonio Peinador, C.M.F., *Moral Profesional*, BAC, 1969, p. 363.

[28] Antonio Peinador, C.M.F., *Matrimonio en conflicto*, Studium, Madrid 1973, p. 153.

[29] Cf. "La Razón", Bs. As., 9–11–72, p. 2.

¡Qué de aberraciones veremos todavía acerca de cosas tan sagradas, si los hombres y los pueblos no se convierten sinceramente a Dios!

3. LA AUTORIDAD EN LA FAMILIA

La autoridad no es algo malo, sino bueno y "muy bueno"[30], por cuanto viene de Dios, como lo manifestó N.S. Jesucristo a Pilato:

"No tendrías poder alguno sobre mí si no te hubiera sido dado de lo alto" (Jn 19,11), y como lo enseña San Pablo:

"Todos estén sometidos a las autoridades superiores. Porque no hay autoridad que no provenga de Dios, y cuantas existen han sido establecidas por Dios. De modo que quien desobedece a las autoridades, desobedece a la ordenación de Dios. Por lo tanto, los que tal hacen, ellos mismos se acarrean la condenación" (Rm 13,1–2).

La autoridad familiar, por lo tanto, debe ser respetada, honrada y obedecida, "como obedeciendo a Dios y no a los hombres" (Col 3,23).

Opiniones sobre la autoridad familiar

– Algunos afirman que toda autoridad es mala, y por eso la combaten, como los **anarquistas**;

– otros sostienen que tiene que desaparecer, como algunos **liberales**;

---

[30] Cf. Gn. 1, 31.

– los **marxistas** dicen que es alienante (donde ellos no dominan[31]);

– para los **freudianos** es fruto del complejo de Edipo;

– los **roussonianos** pretenden que se origina en el libre consentimiento de los componentes de la familia;

– otros la diluyen en un puro y vacío servicio, en el que sólo se hace el gusto de los súbitos, como en el democratismo demagógico, civil o eclesial, que sólo busca "halagar los oídos" (cf. 2Tm 4,4).

Y es que el hombre moderno, en general, se rebela "contra cualquier forma de autoridad o de preeminencia y de estructura prevalente"[32], porque los hombres, como dice Chesterton:

"en la acción de destruir la idea de la autoridad divina, hemos destruido sobradamente la idea de la autoridad humana"[33].

Doctrina de la Iglesia

Muy otra es la doctrina católica sobre la autoridad familiar:

"La potestad de los padres de familia tiene cierta expresa imagen y forma de la autoridad que hay en Dios, 'de quien trae su nombre toda paternidad en los cielos y en la tierra' (Ef 3,15)"[34].

Jesús enseña que quien tiene la autoridad debe servir, pero no en el rango inferior de felpudo, sino en la categoría de **padre**, en el seno de la familia.

---

[31] Cf. Pío XI, *Divini Redemptoris, op. cit.*, p. 1484: "niega toda autoridad y jerarquía, incluso la de los padres".

[32] Rafael Gambra, *El silencio de Dios*, Ed. Prensa Española, 1968, p. 26.

[33] Gilbert K. Chesterton, *Ortodoxia*, Ed. Excelsa, Bs. As., 1966, p. 55.

[34] León XIII, *Diuturnum Illud*, op. cit., p. 270.

Subversión de la autoridad familiar

La actual subversión de la autoridad en la familia es grave. Lo veremos en tres niveles respecto de los padres, respecto de los esposos y respecto de los hijos.

1º EN LOS PADRES

Hoy en día es común ver a los padres inhibidos para mandar. Con la excusa de ser amigo del hijo –lo que no está mal– el padre se convierte en amigote, en compañero de patota, en compinche, cuando no en cómplice, y esto está muy mal.

Los padres se han vuelto incapaces de castigar y, por lo tanto, impotentes para educar, ya que al hombre se lo educa premiando lo que hace bien y castigando lo que hace mal.

Así como hay toda una campaña contra la autoridad familiar, porque viene de Dios y porque es necesaria para que la comunidad "no se disuelva y se vea privada de lograr el fin para el que nació y fue constituida"[35], hay igualmente toda una campaña en contra del sano ejercicio de la autoridad, como es el castigar prudentemente las faltas.

Como no es mala la autoridad, tampoco es malo el justo ejercicio de la misma. León XIII enseña:

"Esta autoridad toma de Dios no sólo el origen y la fuerza, sino que recibe también necesariamente su naturaleza y su índole. De aquí que el Apóstol exhorte a los hijos a 'obedecer a sus padres en el Señor y a honrar a su padre y a su madre, que es el primer mandamiento con promesa' (Ef 6,1–2)"[36].

---

[35] León XIII, *Diuturnum Illud*, *op. cit.*, p. 269.
[36] León XIII, *Quod Apostolici Muneris*, *op. cit.*, p, 228

La corrección educativa

Cuando la corrección y el castigo se efectúan en forma prudente y dosificada se convierten en poderosos auxiliares de la educación. Para ello, es muy útil tener presente aquel dicho:

"Si basta para corregir una mirada, no hagas un gesto;
si basta un gesto, no digas una palabra;
si basta una palabra, no pegues un grito;
si basta un grito, no des una penitencia...".

El autor de la Epístola a los Hebreos se pregunta: "¿Qué hijo hay a quien su padre no corrige?" (Hb 12,7).

Y en otra parte enseña el Espíritu Santo: "El que ahorra la vara aborrece a su hijo; mas quien le ama, le corrige continuamente" (Pr 13,24).

Es claro que este castigo debe ser proporcionado a la falta y debe ser mejor en menos que en más. Luego de hacerle tomar conciencia al hijo de lo que hizo mal, es muy provechoso preguntarle qué castigo se merece. El niño, que tiene un gran sentido de la justicia, generalmente se impone un castigo más grande del que le impondría el padre. Aquí es cuando éste debe aprovechar la ocasión para disminuir el castigo, juntando la misericordia a la justicia.

El castigo no debe ser muy largo y debe ser oportuno: si no se aplica en el momento dado, mejor es no aplicarlo que aplicarlo más tarde. Pero, sobre todas las cosas, el castigo debe ser medicinal, o sea, que remedie y no que exacerbe. Por lo tanto, si el padre está airado, será mejor que suspenda el castigo, porque seguro que se excederá, inutilizando así el poder educativo de la corrección, que ya no brotará del amor paterno en pro del bien del hijo, sino del mal humor o de los nervios, lo que más bien sabe a venganza, a despecho e, incluso, a egoísmo.

Subversión de la corrección

Todas las falsas razones esgrimidas por ciertos psicoanalistas y pedagogos en contra de la autoridad de la familia, como ser:

"los tiempos nuevos"; la "diferencia generacional'; "no crear traumas", etc., no son más que excusas para formar hijos degenerados.

Como expresión paradigmática de todo un ambiente disolvente de la autoridad, advirtamos lo subversivo y destructor de un escrito de Kahlil Gibran, sobre todo por estar revestido de un cierto ropaje poético[37]:

– **"Tus hijos no son tus hijos"**.

¿Serán del lechero? ¿O son hijos de nadie? ¿O quiere que sean del Estado?

– **"No vienen de ti, sino a través de ti"**.

Esto es considerar a los padres como meros medios, como es un caño o un colectivo. ¿Acaso los hijos no son carne de la carne y sangre de la sangre de sus padres? ¿O los padres no son el verdadero principio y origen de sus hijos?

– **"Aunque estén contigo, no te pertenecen"**.

O sea dales de comer, de beber, de vestir, de estudiar, dales cariño y dales dinero, pero no te preocupes si se hacen ladrones, homosexuales, guerrilleros o drogadictos...

Lo cual es como decir: debes ser ciego, sordo, manco y mudo en todo lo que se refiere a tus hijos...

Sí, pero los que en verdad no son ciegos, ni sordos, ni mancos, ni mudos son toda la pléyade de aprovechadores de la juventud –desde los mentalizadores que buscan seguidores obsecuentes,

---

[37] Kahlil Gibran, *El profeta*, passim.

– hasta los viejos verdes que lucran con la inmodestia, el erotismo y la pornografía para manipular y manosear a la juventud,

– pasando por los activistas marxistas que la usan como carne de cañón, mientras son ellos los primeros en irse del país cuando las papas queman...

– **"Puedes darle tu amor, pero no tus pensamientos, pues ellos tienen sus propios pensamientos".**

Nótese cómo habla del amor, pero anula el segundo aspecto del fin primario, es decir, educar cristianamente a los hijos.

– **"Puedes esforzarte en ser como ellos, pero no procures hacerlos semejantes a ti".**

O sea: pasen los padres el día jugando a los soldaditos, a las muñecas, a la rayuela, al balero... pero no exijan a sus hijos que estudien, ni que trabajen, ni que sean ordenados, ni que sean limpios, ni que se sujeten a un horario, ni que asuman responsabilidades según sus posibilidades. Es decir, ¡una educación liberadora ejemplar!

Quiero narrar una anécdota personal que manifiesta la necedad de esta mentalidad adversa a la autoridad, que se ve forzada a reconocerla de hecho, a pesar de su negación verbal. Al poco tiempo de ser ordenado sacerdote, fui a celebrar la Santa Misa a una comunidad de religiosas. Al terminar, me quedé conversando un rato con ellas. Ingenuamente, pregunté quién era la Superiora. Se miraron entre ellas, y riendo, me respondió una: –"Padre, entre nosotras no hay Superiora, porque significaría que las demás somos inferiores". Quedé cortado y, a la vez, intrigado, y volví a preguntar: "Pero, ¿cómo llaman a la que coordina todo, a la que hace de cabeza?". A coro contestaron "Responsable". No pude contenerme y les dije: "Perdonen, Hermanas, pero eso significa que todas Uds. son unas irresponsables". Se quedaron serias y no pude menos que sonreírme con fruición, ante una bobería más del progresismo.

Concluyendo: reafirmemos la autoridad familiar de los padres. Según una encuesta, la razón del auge tan grande de la delincuencia infanto–juvenil se debe a la desaparición de la autoridad paterna en la familia. Asimismo, algunos psicólogos denuncian como una de las causas de la sodomía la falta de autoridad en la familia, porque buscan al padre o a la madre que no tuvieron, ya que éstos fueron débiles.

2º EN LOS ESPOSOS

El apóstol San Pablo enseña con claridad meridiana, y es Palabra de Dios, que las mujeres "deben estar sujetas a sus maridos, como al Señor. Porque el marido es cabeza de la mujer... así como la Iglesia está sujeta a Cristo, así las mujeres a sus maridos en todo" (Ef 5,22–24). Esto último se entiende en todo lo que no sea pecado, ya que "es preciso obedecer a Dios antes que a los hombres" (Hch 5,29).

Explicando esto, Pío XI enseña que "abarca la primacía del varón sobre la mujer y los hijos, y la diligente sumisión de la mujer y su rendida obediencia". Esto no niega ni quita libertad a la mujer por ser persona humana y por desempeñar funciones nobilísimas de esposa, madre y compañera, ni la obliga a satisfacer cualquier gusto del marido, ni significa que ella carezca de madurez.

Muy por el contrario, prohíbe la exagerada licencia que descuida el bien de la familia; prohíbe que en este cuerpo se separe el corazón de la cabeza, y evita que los "dos en una carne" (Gn 2,24) se conviertan en un monstruo con dos cabezas.

Los grados y modos de esta sujeción son diversos, como diversos son los cónyuges. Hay igualdad en todo cuanto atañe a la persona y dignidad humana, y en las cosas que se derivan del pacto nupcial y van anexas al matrimonio en esto tienen las mismas obligaciones. En lo demás, ha de reinar desigualdad y moderación[38].

Repitamos una vez más que esta sujeción que le debe la mujer al marido no lo convierte a éste en un ser omnímodo, ni dictador, ni tirano, ni espía, ni verdugo de su mujer, pero sí lo obliga a servir como "cabeza" y no como pie, amando a su mujer "como Cristo amó a la Iglesia", hasta a dar la vida si es preciso. Y a la mujer, esta sujeción la obliga a "reverenciar a su marido" (Ef 5,33), o sea, debe –con su palabra y ejemplo– considerar al esposo en el lugar que le corresponde y tratar que sus hijos se den cuenta de ello.

Concluyendo: si en la familia cada uno ocupase su lugar y respetase el del otro, ¡cuánto se ganaría en paz, en cariño, en felicidad!

3º EN LOS HIJOS

Correlativa de la crisis de autoridad en los padres es la crisis de obediencia en los hijos.

Aquí también nos encontramos con toda una diabólica campaña para llevar a los hijos a la rebelión contra sus padres, tratando de liberarlos de la tutela paterna y materna. En modo particular, se busca exacerbar la independencia natural que los jóvenes comienzan a tener en la pubertad y primera adolescencia, para apartarlos totalmente de sus progenitores y captarlos para las ideas disolventes.

Conviene recordar, por poner un ejemplo entre tantos, que el adoctrinamiento subversivo y marxista no comienza en la universidad, sino en los colegios secundarios –y antes, también primarios– aprovechando el fenómeno bio–

---

[38] Cf. Pío XI, *Casti Connubii*, passim.

psicológico de la crisis de afirmación juvenil y de la originalidad del yo.

Al cortarse los sagrados vínculos, de sangre y de afectos, el joven no sólo se halla indefenso frente a la agresión de ideologías subversivas, sino que sufre una profunda deformación en su personalidad. Y esto es explicable, porque según Santo Tomás, la familia es el **segundo útero**[39]. Y así como el hombre necesita del primero para existir, ser alimentado, tener un "clima" propicio, estar protegido y desarrollarse, así también necesita normalmente de la familia para existir, para sobrevivir, para madurar como persona humana, para alimentar su espíritu con el aprendizaje de todas las virtudes, para no exponerse prematuramente a los peligros que acechan en la vida pública, en una palabra: para aprender a vivir y a amar.

Así como abortar es dejar a la persona en estado de feto, análogamente podemos decir que —salvo excepciones y sólo por razones justas— apartar prematura y totalmente a los hijos de sus padres es hacerlos abortar del segundo útero y condenarlos de por vida a ser fetos en el orden psíquico y afectivo. El elocuente testimonio de los delincuentes juveniles no hace sino confirmarlo.

Pero hay todavía una intención más aviesa. Una vez destruidos los lazos sagrados que unen al hijo con sus padres carnales, resulta muy fácil destruir los lazos sagrados que unen al hijo de Dios por adopción con su Padre Celestial. La proyección de uno a otro caso se realiza incluso inconscientemente. Si un hijo no ama, no respeta, no obedece ni honra al padre a quien ve, ¿acaso amará, respetará, obedecerá y honrará a Dios Padre, a quien no ve? (cf. Jn 4,20).

---

[39] "Quodam spirituali utero", II–II, q. 10, a. 12.

También, como señala San Pablo, se puede recorrer el camino en sentido inverso, como en aquellos que, por negar a Dios, el mismo Dios los entrega "a su réprobo sentir que los lleva a cometer torpezas y a llenarse de toda injusticia", entre las que el Apóstol señala el ser "rebeldes a sus padres" y "desamorados" (Rm 1,21; 28,30–31). Ese será un pecado característico de los últimos tiempos (cf. 2Tm 3,1 y ss.).

Toda esta campaña contra la obediencia filial se concreta en cientos de slogans falaces, repetidos aquí y allá, en distintas formas, pero con idéntico fin. Algunos de ellos, entre muchos:

– **"Los padres son antiguos"**: cuando resulta que esto se explica, como dice Chesterton, "por el sencillo hecho material perceptible aún para los intelectuales, de ser los hijos, por regla general, más jóvenes que los padres"[40], como ha ocurrido desde Adán y Abel hasta nuestros días, y como ocurrirá hasta el último hijo...

– **"Los padres no comprenden a sus hijos"**: generalmente los comprenden mucho mejor que ellos a sí mismos, ya que tienen más experiencia y gracia de estado para ello.

– **"Los padres tienen que cambiar"**: lo que significa, más o menos, que deben obedecer a sus hijos y convertirse en muchachitos, como esas eternas personas, que luchan denodadamente a fuerza de masajes, dietas, tinturas y cremas para ser más jóvenes y más modernos que sus hijos, rodeándose de cierto aire de despreocupación y ligereza propias de los jóvenes, cuando, en realidad, viven obsesionados por la aguja de la balanza y por el insobornable espejo denunciador de arrugas.

– **"Los padres mandan cosas injustas"**: esto se dice generalmente cuando les mandan algo que los hijos no

---

[40] Gilbert K. Chesterton, *La superstición del divorcio*, Ed. Sudamericana, Bs. As., 1966, p. 25.

quieren obedecer, olvidándose del consejo de Martín Fierro, el gaucho de la literatura argentina:

"Obedezca el que obedece

Y será bueno el que manda"[41].

Defectos de los padres

— En nada excusa de los deberes filiales el hecho de que los padres no tengan **estudios** primarios o secundarios: muchos no tuvieron la posibilidad de hacerlo y quienes se avergüenzan de sus padres deberían recordar siempre que si ellos saben algo se lo deben al sacrificio de sus padres.

— Otros se avergüenzan de sus padres porque son **pobres**: olvidan que en la vida no todos tienen las mismas posibilidades ni los mismos talentos y que la pobreza digna es una gran riqueza.

— Otros tienen la desgracia de tener padres **viciosos** (alcohólicos, jugadores, mujeriegos, etc.); en vez de denigrarlos, harían mucho mejor en ayudarlos y observar lo que hacen de malo para no caer ellos mismos en esos vicios el día de mañana.

— Otros tienen a sus padres **peleados** entre sí: en lugar de despotricar contra ellos y sacar ventaja de tal situación — obteniendo permisos, regalos, etc. de uno o de otro—, deberían ser el vínculo de la paz, rezando mucho a Dios y pidiéndole que los una nuevamente en el amor (conocí a un joven que rezó durante más de ocho años, pidiendo esa gracia que parecía imposible, y Dios le concedió a sus padres muchos años de estable y feliz concordia). Es un gravísimo error empujar a los cónyuges a la separación para que no den mal ejemplo con sus peleas a los hijos. Salvo casos excepcionales, mucho más mal les hace a los hijos el saber que sus padres están irremediablemente separados. Mientras

---

[41] José Hernández, *Martín Fierro*, estrofa n° 1.164, Ed. C. Garrido, Bs. As., 1973, p. 251.

estén juntos, aunque peleados, siempre les queda a los hijos la esperanza de que algún día comiencen a quererse bien.

– Los que tienen a sus padres **separados**, luchen por no guardar rencor en su corazón. Antes que juzgarlos, trabajen en la virtud para ser buenos padres el día de mañana, teniendo la certeza que las desavenencias de los padres no se heredan, porque, si bien condicionan, no determinan.

La desobediencia a los padres

Las consecuencias para quienes desobedecen a sus padres son muy graves, porque se oponen a Dios, al no cumplir su Voluntad, expresada en el cuarto mandamiento de su santa ley, y, por lo tanto:

–no se santifican;

–se les va llenando el corazón de resentimiento contra sus padres, contra la sociedad y contra el mismo Dios;

–viven mezquinamente, sin grandeza de alma;

–son egoístas e ingratos para con el amor más desinteresado que existe: el de los padres;

–se incapacitan para ser buenos padres el día de mañana; y

–se convierten en los eternos frustrados.

De ahí que Nuestro Señor no dejó de recordar el precepto de los antiguos: "Quien maldijere a su padre o a su madre, sea muerto" (Mt 15,4).

Y San Pablo: "Hijos, obedeced a vuestros padres en todo, porque esto es agradable al Señor" (Col 3,20; cf. Ef 6,1; 1Tm 5,4; etc.).

El único límite que tiene la obediencia a los padres es la voluntad de Dios, puesto que se debe "obedecer a Dios antes que a los hombres" (Hch 5,29), debiendo los padres abstenerse de mandar aquello que sea pecado grave, o intentar torcer una vocación divina, etc.

4. LA NATALIDAD

El verdadero amor conyugal –reflejo del amor de Dios– es plenamente humano, total, fiel, exclusivo y fecundo, y exige por tanto a los esposos "una conciencia de su misión de paternidad responsable *(paternitatem consciam)*", como enseña Pablo VI en la encíclica "Humanae Vitae"[42].

Paternidad responsable es un concepto que implica cuatro aspectos interrelacionados. Es respecto a:

–los procesos biológicos;

–las tendencias del instinto;

–las condiciones físicas, económicas, psicológicas y sociales;

–el orden moral objetivo.

1º EN RELACIÓN A LOS PROCESOS BIOLÓGICOS

La paternidad responsable significa conocimiento y respeto de las funciones biológicas.

---

[42] Cfr. Marcelino Zalba, S. J., *Regulación de la natalidad*, BAC, Madrid, 1968, nº 10, p. 31.

2º EN RELACIÓN A LAS TENDENCIAS DEL INSTINTO

La paternidad responsable comporta el dominio necesario que deben ejercer la razón y la voluntad sobre el instinto y las pasiones, sujetándolas y dirigiéndolas convenientemente: en esto se distingue el hombre de los animales irracionales.

Por el santo Bautismo, el cristiano participa de la Realeza de Cristo Rey, lo que "connota una razón de dominio"[43] sobre sí mismo, al darle poder para triunfar sobre el pecado, dominar los incentivos de la carne y gobernar su cuerpo y su alma. Por aquí debe comenzar a ejercer su señorío, su reyecía, sometiendo su cuerpo a su alma y su alma a Dios, y así reinará espiritualmente sobre los demás hombres, incluso sobre los que tienen poder y autoridad y aún sobre los que abusan de ésta; y reinará sobre el mundo y sobre el Demonio.

3º EN RELACIÓN A LAS CONDICIONES FÍSICAS, ECONÓMICAS, PSICOLÓGICAS Y SOCIALES

Sobre la paternidad responsable estas condiciones "pueden influir en sentidos opuestos: unas veces estimulando a una generosa fecundidad; otras, decidiendo, por graves motivos, la restricción de nacimientos"[44], siempre dentro de la ley moral.

Es decir: la paternidad responsable NO ES SÓLO evitar legítimamente nuevos nacimientos, sino TAMBIÉN "tener

---

[43] Julio Meinvielle, *Iglesia y Mundo Moderno*, Ed. Theoria, Bs. As., 1966, p. 22.

[44] Marcelino Zalba, S.J., *op. cit.*, p. 162.

una familia numerosa" (*Humanae Vitae*, n° 10), en contra de lo que pregonan y difunden a los cuatro vientos los medios de comunicación social y algunos clérigos.

Dos condiciones para la licitud de la limitación

Para que sea lícito evitar nuevos nacimientos "por algún tiempo o por tiempo indefinido" (*Humanae Vitae* n° 10) deben reunirse, como condición *sine qua non*, dos requisitos:

a) Esa decisión debe ser tomada por "**graves motivos**" (*Humanae Vitae* n° 10), o razones "**plausibles**" o motivos "**justos**" (*Humanae Vitae* n° 16).

Entre estos motivos no se hallan, evidentemente, el cuidar la silueta, el tener tiempo para jugar o divertirse, o la falta de lugar en el automóvil, por citar sólo algún ejemplo...

b) La restricción de los nacimientos debe siempre "hacerse en el respeto del orden establecido por Dios" (*Humanae Vitae* n° 16) "**en el respeto de la ley moral**" (*Humanae Vitae* n° 10), es decir, recurriendo a los períodos infecundos, porque "la Iglesia... enseña que todo acto matrimonial (*quilibet matrimonii usus*) debe quedar abierto a la transmisión de la vida" *(Humanae Vitae n° 11).*

Faltando cualquiera de estos dos requisitos, la regulación de la natalidad es gravemente inmoral.

La bendición de las familias numerosas

Es un grave error creer, como sostienen muchos modernistas y progresistas, que la Iglesia considera irresponsables a quienes tienen una familia numerosa.

Toda la Sagrada Escritura, desde el "Creced y multiplicaos" del Génesis hasta el Nuevo Testamento, está llena de "numerosos textos que exaltan la fecundidad de la familia y aseguran a las familias numerosas la asistencia continua de la Providencia"[45].

El Concilio Vaticano II alaba especialmente a los cónyuges que son generosos en la transmisión de la vida, con las siguientes palabras:

"...son dignos de mención muy especial los que de común acuerdo, bien ponderado, aceptan con magnanimidad una prole más numerosa para educarla dignamente"[46], y remite en nota a la hermosa alocución de Pío XII *"Tra le visite"*, del 20/1/58, dirigida a las familias numerosas, de las cuales dice, entre otras cosas, que son "las más bendecidas por Dios, predilectas y estimadas por la Iglesia como preciosísimos tesoros. La historia no yerra cuando pone en la inobservancia de las leyes del matrimonio y de la procreación la causa primera de la decadencia de los pueblos... En los hogares donde hay siempre una cuna que se balancea florecen espontáneamente las virtudes... La familia numerosa bien ordenada es casi un santuario visible... Son los planteles más espléndidos del jardín de la Iglesia en los cuales, como en terreno favorable, florece la alegría y madura la santidad..."[47].

Por ello, dice muy bien el conocido apologista católico P. Raúl Plus, S.J.:

"Mejor aún que determinar los medios —incluso lícitos— para limitar los nacimientos, resulta examinar a conciencia las razones que aconsejan una descendencia numerosa. Razones de caridad:

---

[45] Cardenal Ottaviani, 29/10/64, cit. en "Permanences", Paris, n° 19, abril 1965, p. 84.

[46] Concilio Vaticano II, *Gaudium et Spes*, n° 50.

[47] López M., Obiglio, Pierini y Ray, *Pío XII y las Ciencias Médicas*, Ed. Guadalupe, Bs. As., 1961, pp. 313–318.

1°: Para con los hijos: dependientes de que los padres los puedan llamar o no a la vida, y en consecuencia, a la eternidad;

2°: Para con la Iglesia: a la que debe procurarse dar la mayor cantidad de bautizados posible, entre los que podrían contarse, si Dios lo quiere, almas elegidas y también sacerdotes, en un mundo en que escasean tanto;

3°: Para con la Patria: a la cual se le brindan ciudadanos que podrían conquistarle esplendor y progreso"[48].

Es una aberración el poder tener hijos y no querer tenerlos ¡Cuántos sacrificios para poder tenerlos hacen las mujeres que no los pueden tener! ¡Y las que podrían, los rechazan!

Aún más incomprensible es el caso de quienes ya tienen hijos hermosos, sanos, buenos y fuertes, y se niegan a traer otros hijos al mundo. Si uno les preguntara: "¿A cuál de sus hijos sacrificarían?", prontamente responderían: "A ninguno. Antes doy mi vida, con tal de que conserven la suya". Y sin duda muchas madres son capaces de tal heroísmo, pero ¿cómo no se dan cuenta de que están sacrificando anticipadamente a los hijos que deberán venir si no fuese por su falta de generosidad? ¡Cuántas mujeres andan por ahí, neuróticas o histéricas, por no querer ser madres, pudiéndolo!

Excusas para limitar la natalidad

Son numerosas las excusas que se invocan, o se inventan, para justificar el control de la natalidad. Recordemos algunas:

— La avanzada edad: se olvida que los hijos de la edad madura son los que traen más alegría a los padres: ¡son los benjamines!

---

[48] Raúl Plus, S.J., *Cristo en la Familia*, Ed. Excelsa, Bs. As., 1953, p. 74

– El problema económico: se olvida que muchas familias de obreros están llenas de hijos sanos, fuertes y educados.

– La educación: se olvida que es posible educarlos bien a todos, pues como dice Pío XII: "el número de hijos no impide su egregia y perfecta educación"[49].

"Sirvan de prueba las muchas familias numerosas que han sido cuna de santos:

- San Francisco Javier: 6 hermanos (fue el último);
- San Bernardo: 7 hermanos;
- Santa Teresita de Lisieux: 9 hermanos (fue la última);
- Santa Teresa de Jesús: 9 hermanos;
- San Luis, rey de Francia: 10 hermanos;
- San Pío X: 10 hermanos
- San Roberto Belarmino: 12 hermanos;
- San Francisco de Sales: 13 hermanos;
- San Ignacio de Loyola: 13 hermanos (fue el último);
- San Pablo de la Cruz: 16 hermanos;
- Santa Catalina de Siena: 25 hermanos (fue la penúltima); etc.

Y muchos otros que no hubieran venido al mundo para gloria de Dios y de su Iglesia si sus padres no hubiesen aceptado una paternidad generosa"[50].

El problema de la natalidad

Las tasas de fertilidad de los países en todas partes del norte, centro y Sudamérica han caído considerablemente durante los 40 años pasados debido a gobiernos y organizaciones que han empujado la "planificación familiar". "La Tasa de fertilidad Total (TFR) en México en este período ha disminuido el 72 %, de 6.82 niños por familia a

[49] López M., Obiglio, Pierini y Ray, *op. cit.*, p. 318.
[50] Marcelino Zalba, S.J., *op. cit.*, p. 164.

1.9, en El Salvador esto ha disminuido el 63 %, de 6.62 a 2.43, en Argentina el 34 %, de 3.05 a 2.00 y en los Estados Unidos el 30 %, de 2.55 a 1.79.

Esta disminución rápida en la población causa un efecto de pirámide invertido, en el que el número de la gente más trabajadora joven que mantiene a la persona desempleada anciana se hace problemático. ¡En Europa, la disminución en TFR ya comienza a causar problemas en la reducción de población y demográficos, y hacia el año 2050 está proyectado que el europeo medio tendrá 53.3 años! Esto causará futuros problemas sociales, contrariamente a los reclamos de la superpoblación como la causa de pobreza: "De hecho, se necesita un cierto nivel elevado de población para que la economía pueda funcionar con eficiencia. Los obreros y los labriegos, por ejemplo, tienen que ser abundantes y estar cerca unos de otros para poder fabricar máquinas, construir carreteras o cultivar la tierra con eficiencia. Las causas de la pobreza hay que situarlas en la mala administración, en la corrupción gubernamental, en la centralización estatal de la economía, en la injusticia social, en el capitalismo sin regulación alguna por parte del Estado, en las guerras y en las catástrofes naturales; no en una elevada población como tal".[51]

Después de analizar estas cifras, no puede dejar de causar indignación que en la Argentina se haya permitido la publicación de libros como "Argentina Superpoblada" del anarco–comunista español Martín SAGRERA, nacionalizado argentino y radicado en Venezuela, quien

---

[51] Adolfo J. Castañeda, *La mentira de la "sobrepoblación". La pseudociencia y los tontos útiles al servicio de la ideología antivida.*
http://www.vidahumana.org/vidafam/controldem/mentira.html

pretendió demostrar la peregrina tesis de la "superpoblación" argentina[52].

Como antecedente de este anarquista, baste señalar que es autor de obras con tan sugestivos títulos como "El mito de la maternidad" y "El aborto, crimen o derecho", donde defiende el crimen del ABORTO como

— "algo imprescindible de la paternidad responsable";

— "un elemento indispensable de la contracepción";

— ya que "el aborto de suyo no es nada que sea éticamente malo porque no implica ningún daño a terceros pues no existen terceros"[53].

Habría que preguntarle si sostendría lo mismo, si el "tercero no existente" hubiera sido él...

La razón última: falta de confianza en la Providencia y espíritu de comodidad. Las más de las veces no se quieren tener más hijos por falta de confianza en la Divina Providencia y por falta de espíritu de sacrificio.

Desconfianza en esa Providencia, cuya certeza nos consta por boca de Nuestro Señor Jesucristo:

"No andéis acongojados, diciendo: ¿Qué comeremos, qué beberemos o con qué nos vestiremos? Los paganos se preocupan por todo eso... Buscad primero el Reino de Dios y su justicia; y todas las demás cosas se os darán por añadidura" (Mt 6,31–33).

El espíritu mundano aborrece el sacrificio y lleva a muchos padres y madres a buscar sus comodidades, placeres, diversiones y vacaciones a costa de aquellos seres que podrían y que deberían venir a la existencia, pero que,

---

[52] Martín Sagrera, *Argentina superpoblada, la inflación poblacional argentina y los traficantes de hombres*, Libros de América, Bs. As., 1976, 224 pp.

[53] Martín Sagrera, entrevista en Lima, Perú, 1975, ad instar manuscripti.

por culpa del egoísmo de estos padres, nunca superaron el estado de mera posibilidad.

4° EN RELACIÓN AL ORDEN MORAL OBJETIVO

La paternidad responsable comporta una vinculación profunda con el orden moral objetivo, no quedando libres los esposos para proceder arbitrariamente en su misión de transmitir la vida. En este punto, la encíclica de Pablo VI vuelve a rechazar de plano y absolutamente la ya condenada teoría progresista de la "moral de situación" (*Humanae Vitae* n° 10).

5. FECUNDIDAD Y DEMONIO

Merece señalarse, finalmente, que Satanás, a través de los siglos, ha suscitado numerosas herejías –gnósticos, maniqueos, albigenses, cátaros, valdenses, laicistas, marxistas, etc.– que, en sus diversas variantes, atentaron y atentan contra la naturaleza del matrimonio, imputando como malo el uso fecundo del sexo. La posición católica es muy distinta: sólo condena el mal uso del sexo, es decir, la fornicación, la sodomía, la masturbación, el onanismo conyugal, etc.

Satanás y sus ángeles, en su campaña antinatalista, obran por envidia: "Por envidia del diablo entró la muerte en el mundo" (Sb 2,24), "no guardaron su trono y abandonaron su propio domicilio" (Jdt 6), son acérrimos enemigos de la fecundidad humana, que engendra los hombres y mujeres que los suplantarán en los tronos de los que fueron expulsados.

Todo es poco para Satanás y sus ángeles caídos, en el perverso intento de impedir la perpetuación de la carne humana, esa carne de la que nace Cristo, que posee con Él su Cuerpo Místico –la Iglesia Católica– y de la que se alimentan sus miembros en la Sagrada Eucaristía, esa carne humana que un día resucitará gloriosa e inmortal.

Finalmente, los demonios tienen la loca pretensión de impedir que se complete "el número de los elegidos" (cf. Ap 6,11), para que los hombres no ocupen los tronos que ellos perdieron en el Cielo, y de esta manera, demorar la hora en que definitivamente, sin poder ya dañar a los hombres, sean "arrojados en el estanque de fuego y azufre, donde... serán atormentados, día y noche, por los siglos de los siglos" (Ap 20,10).

6. EL AMOR

Uno de los frutos perversos de la sociedad revolucionaria–burguesa, llevado a la exacerbación por la propaganda en la sociedad marxista, es la desjerarquización de todo y de todos, nivelando todas las cosas por el mismo rasero.

Este plebeyismo, negador de toda distinción y señorío, enemigo de toda sana jerarquía, se ha introducido también en el corazón de nuestras familias y, sobre todo, en aquello que constituye su quintaesencia: el amor.

Tal plebeyismo produce un igualitarismo ramplón, que lleva todo amor a su ruina, al pretender rebajarlo a un común denominador.

Este ataque destructor de las familias es aún más grave cuando se cae no sólo en una malsana chatura ajerárquica en el amor –v. gr., amando al esposo y a los hijos en un mismo plano de igualdad– sino en la pendiente inclinada de una escala de amor antijerárquica –v. gr., olvidándose del esposo, por amor a los hijos...–.

Por el contrario, cuando el amor es verdadero viene de Dios, y todo lo que viene de Dios "es ordenado" (Rm 13,1). Por lo tanto si el amor es verdadero, debe ser necesariamente ordenado, es decir, debe darse, como enseña

San Agustín, una "jerarquía en el amor"[54]. Una madre no debe tener el mismo grado de amor a su esposo, a sus hijos, a su padre o a su cuñada.

Esta jerarquía del amor en la familia está dada por la razón de bien y por el grado de unión:

— Por la razón de bien, los padres ocupan un lugar de privilegio en el amor de la familia, por ser el origen natural de los hijos, a los que después de Dios les deben el ser. Se les debe sumisión, amor y respeto porque "somos de su carne".

— Por el grado de unión del amado con el amante, sin embargo, ha de ser más amado el propio cónyuge, "ya que son dos en una sola carne" (Mt. 19,6). Por eso, "la esposa es más intensamente amada, pero a los padres se les debe un respeto mayor"[55].

— Luego, debe seguir en intensidad el amor a los hijos, porque son una prolongación de los padres: "son carne de la carne de sus padres". El hijo es más allegado a los padres, por ser parte de ellos, y éstos los han amado más tiempo. Se debe evitar la inversión en el orden de estos amores. Hay mujeres que parecieran haberse casado con sus padres o con sus hijos y no dan al marido el primer lugar que le corresponde. Esto puede ser motivo para que el esposo se encuentre más feliz en el bar con sus amigotes que en la casa con su familia. Estos amores desordenados atentan contra la realidad misma de la vida, ya que los hijos normalmente se casan y deben formar su hogar, mientras que el esposo es quien debe permanecer junto a su esposa, hasta que la muerte los separe.

— Luego, viene el amor de los hermanos: "somos de la misma carne". Y finalmente, los demás parientes.

---

[54] Cit. por Pío XI, *Casti Connubii, op. cit.*, p. 1238.
[55] Santo Tomás de Aquino, *Suma Teológica*, II–II, 26, 11, c.

1º EL AMOR A DIOS, FUENTE DEL AMOR FAMILIAR

Pero esta jerarquía en el amor exige, para que sea verdadera, que Dios sea el primero y absolutamente amado por sobre todas las cosas:

- por ser Quien es;porque es el principio de nuestra eterna bienaventuranza;
- porque es la infinita bondad; y, en fin
- porque "comemos de su Carne" (cf. Jn 6,54), transformándonos en Él, y no hay mayor unión que ésta, en la que el hombre, sin dejar de ser tal, se deifica.

2º ESTE AMOR A DIOS

"Basta que sea mayor objetiva y apreciativamente, o sea, según la elección de la voluntad (anteponiendo el amor a Dios a otro cualquiera en conflicto con él) y según la estima intelectual (reconociendo que Dios es absolutamente primero y más digno objeto de nuestro amor)... Por eso no es obstáculo al perfecto amor de Dios (objetivo y apreciativo), que amemos más a nuestros parientes o amigos subjetiva y sentimentalmente. Los santos, sin embargo... sienten que le aman más que a nadie, incluso subjetivamente"[56].

La falta de este amor a Dios, "con todo el corazón, con toda el alma, con toda la mente y con todas las fuerzas" (Mc 12,30), es la primera y principalísima causa de los fracasos matrimoniales.

---

[56] Antonio Royo Marín, O.P., *Teología de la Caridad*, BAC, Madrid, 1963, p. 130.

Cuando Dios es el "convidado de piedra" en el hogar, poco a poco se volverán "de piedra" (cf. Ez 26,26) también los corazones de sus miembros.

En cambio, cuando todos los integrantes de la familia cumplen ese "primer y mayor mandamiento" (Mt 22,38),

No hay problema sin solución,

No hay día sin alegría,

No hay obra sin mérito,

No hay cruz sin consuelo,

No hay trabajo sin satisfacción.

7. REFLEXIONES FINALES

Nos ha tocado vivir en un mundo especialmente corrupto y corruptor de la familia, y puede ser que, al paso que vamos, aún aumente más su poder destructor de la misma.

Debemos luchar a brazo partido para que la degeneración, el pansexualismo, la inmoralidad, la pornografía, el erotismo, dejen de tener carta de ciudadanía en nuestras patrias.

No sabemos si, a corto plazo, triunfaremos, pero sí sabemos que podemos y debemos comprometer todas nuestras energías para que los enemigos tradicionales de la familia católica —célula de la sociedad e Iglesia doméstica—, no destruyan la nuestra. Y esto está en nuestro poder, con la gracia de Dios, que no nos ha de faltar.

Debemos decidirnos, sin ningún temor, a convertir nuestras familias en bastiones inexpugnables. En general, no depende directamente de nosotros limpiar la patria y la Iglesia de las lacras que las afean, pero sí depende de nosotros el defender a capa y espada, contra todos los embates, esa trinchera vital que es cada uno de nuestros hogares católicos.

Dios nos ayudará si hacemos lo que depende de nosotros. Para ello creemos necesarias dos cosas:

a) En primer lugar, conocer, desenmascarar y refutar a los enemigos tradicionales de la familia católica.

Los Romanos Pontífices, que han reconocido y marcado a fuego a estos enemigos, los han estigmatizado con estas palabras:

1. **El LAICISMO**, que con sus "leyes impías... (ha profanado) la dignidad del matrimonio cristiano"[57].

2. **El COMUNISMO y el SOCIALISMO**, cuyo objeto principal es "manchar y depravar con los errores más perniciosos y toda manera de vicios el alma tierna y dúctil de los jóvenes"[58], en base a cuyos principios "es preciso que se relaje la potestad del padre sobre la prole y los deberes de la prole para con el padre"[59], privando "a la persona humana de toda dignidad y de todo freno moral contra el asalto de los ciegos instintos"[60].

3. **La MASONERÍA**, que ha buscado quitar a la familia "su base y constitución religiosa, proclamando el así llamado matrimonio civil... (Y la enseñanza) totalmente laica"[61].

4. **El INDIFERENTISMO RELIGIOSO y la INCRE-DULIDAD MODERNA**, que hacen sentir a las familias "las torturantes consecuencias"[62].

5. **La VIDA LICENCIOSA,** causa de que muchas veces se haya "olvidado el honor en que debe tenerse a la autoridad paterna"[63].

---

[57] León XIII, *Inscrutabili Dei consilio, op. cit.*, p. 221.
[58] Pío IX, *Quanta Cura, op. cit.*, p. 157.
[59] León XIII, *Quod Apostolici Muneris, op. cit.*, p. 228.
[60] Pío XI, *Divini Redemptoris, op. cit.*, p. 1484.
[61] León XIII, *Ab Apostolici Solii, op. cit.*, p. 411.
[62] León XIII, *Vigesimo quinto anno, op. cit.*, p. 652.
[63] Pío XI, *Ubi arcano Dei, op. cit.*, p. 1005.

6. El **DESEO INMODERADO DE PLACERES,** que "es la peste más funesta que se puede pensar para perturbar las familias"[64].

7. El **ESTATISMO,** del que se derivan los serios peligros del "desconocimiento, de la disminución y de la progresiva abolición de los derechos propios de la familia"[65].

8. El **NATURALISMO ECONÓMICO o LIBERA-LISMO,** por obra del cual "la convivencia familiar tiende gradualmente a desaparecer"[66] y que al abonar salarios insuficientes impide que "le alcance (al trabajador) para llevar una vida humana digna y para afrontar convenientemente las responsabilidades familiares"[67].

9. La **MODERNA FILOSOFÍA,** que hace que algunos "trabajen con todas sus fuerzas para que no solamente los individuos, sino también las familias y la sociedad entera, desprecien soberbiamente el imperio de Dios"[68].

10. El **ONANISMO CONYUGAL,** porque usar de las relaciones matrimoniales "destruyendo su significado y su finalidad, aun sólo parcialmente, es contradecir la naturaleza del hombre y de la mujer y sus íntimas relaciones, y, por lo mismo, es contradecir también el plan de Dios y su voluntad"[69].

11. El **CINE,** en cuya pantalla no pocas películas se presentan de acuerdo con la ironía y el escepticismo hacia la institución tradicional de la familia, exaltando sus extravíos y, sobre todo, lanzando sutiles y frívolos

---

[64] Pío XI, *Ubi arcano Dei, op. cit.,* p. 1007.
[65] Pío XII, *Summi Pontificatus, op. cit.,* p. 1543.
[66] Juan XXIII, *Mater et Magistra, op. cit.,* p. 2381.
[67] Juan XXIII, *Mater et Magistra, op. cit.,* p. 2393.
[68] León XIII, *Arcanum Divinae Sapientiae, op. cit.,* p. 248.
[69] Pablo VI, *Humanae Vitae,* n° 13.

desprecios a la dignidad de los esposos y de los padres"[70]; presentando una concepción inmoral del matrimonio que "ha quitado al hombre el respeto por la mujer y a la mujer el respeto por sí misma"[71].

12. **La TELEVISIÓN,** que por amenazar "los diques saludables con los que la sana educación protege la tierna edad de los hijos"[72], de tal manera destruye que "no se podría imaginar cosa más fatal para las fuerzas espirituales... que puedan sacudir y arruinar para siempre toda una construcción de pureza, de bondad y de sana educación individual y social"[73].

Agregamos nosotros: ¿habrá algo que exalte más la codicia, la ira, la comodidad, el mundanismo, la venganza, la impureza y la violencia —vicios todos diametralmente opuestos al espíritu de las bienaventuranzas evangélicas— que la televisión en particular y los medios de comunicación social en general? Hoy, muchos hijos ven y oyen más a la TV que a sus padres. Así saldrán: serán hijos... de la TV.

Debemos defender nuestras familias de todos estos, sus enemigos que, por muy grandes, poderosos y extendidos que sean, nunca podrán más que Dios:

"Si Dios está por nosotros, ¿quién contra nosotros?" (Rm 8,31).

Aunque nos tocase vivir en el tiempo del Anticristo, tenemos preparada la mejor defensa en la Pasión de Cristo, como enseña Santo Tomás de Aquino:

"Siempre los hombres tienen preparado por la Pasión de Cristo el remedio para defenderse de la maldad de los demonios, incluso en el tiempo del Anticristo. Si algunos

---

[70] Pío XII, *El film ideal, op. cit.,* p. 1464.

[71] Pío XII, discurso 22–3–42, *op. cit.,* p. 1446.

[72] Pío XII, *Miranda Prorsus, op. cit.,* p. 2175.

[73] Pío XII, *I rapidi progressi, op. cit.,* p. 2176.

descuidan valerse de este remedio, esto no dice nada en contra de la eficacia de la Pasión de Cristo"[74].

b) En segundo lugar, dada la mayor influencia negativa que el mundo ejerce hoy en día sobre nuestras familias, hay que fortalecer e intensificar la tarea educativa, mucho más que antes.

Por un lado, dando los padres ejemplo de vida cristiana auténtica –particularmente, con el cumplimiento del precepto dominical, la frecuencia de los sacramentos y la defensa de la sana doctrina–, ya que por lo general los hijos serán lo que los padres sean. Y es evidente que los padres que den mal ejemplo "no se atreven a corregir a los suyos de los pecados de que se reconocen reos"[75].

Por otro lado, educándolos con corrección y disciplina. De quienes descuidan este deber, dice San Alfonso:

"Aun cuando el padre o la madre viviesen devotamente y se dieran a continuas oraciones y a comuniones diarias, con todo, si dejan de lado la educación de los hijos, Dios pronunciará un día contra ellos sentencia de condenación"[76].

Los padres deben luchar pare que sus hijos no frecuenten malas compañías: "Las malas compañías corrompen las buenas costumbres" (1Co 15,33).

Y controlar todo lo que se les enseña en los colegios, los libros que leen, los lugares que frecuentan.

Todo es poco, tratándose de la formación de quienes serán el futuro de la patria y de la Iglesia.

Y así, en la más cumplida subordinación a la naturaleza y a los fines del matrimonio y familia católicos, hemos de promover en cada una de nuestras familias la sana autoridad paterna y materna, la generosidad en la transmisión de la

---

[74] Santo Tomás de Aquino, *Suma Teológica*, III, 49, 2, ad 3m.
[75] San Alfonso María de Ligorio, *Obras ascéticas*, BAC, t. II, p. 910.
[76] San Alfonso María de Ligorio, *op. cit.*, p. 906.

vida, y el respeto a la jerarquía del amor, cooperando con la gracia dada en el santo sacramento del Matrimonio, que, al decir de San Roberto Belarmino: "es como la Eucaristía, que no solamente es sacramento mientras se confecciona, sino todo el tiempo que permanece"[77].

En este difícil tiempo de la historia de la Iglesia y de la patria, cada una de nuestras familias debe comprometer su honor en no conculcar ninguno de los principios cristianos, forjadores de las gestas más grandes y más nobles de que el mundo tenga memoria, porque formaron todos los grandes santos, de los cuales "el mundo no era digno" (Hb 11,38).

No tengamos ningún temor. La Santísima Virgen María, como otrora en Caná de Galilea, está dispuesta a realizar uno y mil milagros si fuera necesario para el bien de nuestras familias y ha de alcanzarnos la gracia de Dios para que escuchemos y sigamos a Nuestro Señor Jesucristo, porque es el único que tiene palabras de vida eterna.

---

[77] Cit. por Pío XI, *Casti Connubii, op. cit.*, p. 1258.

EL NOVIAZGO
CATÓLICO

Queremos hacer este trabajo, como un complemento de otro referido al matrimonio y a la familia, porque, en la mayoría de los casos, el fracaso matrimonial comienza en el noviazgo.

1º EL CONOCIMIENTO

Toda la razón de ser del noviazgo católico, consiste en su ordenación al futuro matrimonio. No hablamos de la amistad entre jóvenes de ambos sexos, que puede ser muy santa; ni tampoco de quienes juegan con los sentimientos en el flirteo, que no es más que "simular una relación amorosa por coquetería o por puro pasatiempo"[78]; lo que no es nada santo. Nos referimos a aquellos jóvenes que creen amarse y piensan formalizar su relación a través del casamiento.

2º CONOCIMIENTO MUTUO

¿Cuál es la característica de esta relación particular, que es el noviazgo? Su rasgo definitorio radica en poder llegar al convencimiento de que ambos "están hechos el uno para el otro" y que, consecuentemente, han de llevar de manera normal y plena su vida matrimonial el día de mañana, con la convicción irreversible de que sabrán realizar, sobre todo, la educación de sus futuros hijos. Digo sobre todo porque mediante la experiencia en el trato con tantos novios, he podido observar que el pensamiento puesto en los hijos, es el factor que los hace concientizarse más sobre la realidad. Muchas jovencitas creen estar enamoradas, pero se dan cuenta de que deben cortar ese noviazgo cuando, al pensar en la descendencia futura, advierten que el joven en cuestión no está capacitado para ser un buen padre. Otra forma de

---

[78] Julio Casares, *Diccionario ideológico de la lengua española*, Ed. G. Gili, Barcelona, 1975.

evitar el capricho subjetivo, tan propio de quienes no aman de verdad al otro, sino que están enamorados del amor (o sea, de lo que ellos sienten y, por tanto, caen en juicio erróneo acerca de la idoneidad de la otra persona para poder emprender, con un mínimo de seriedad, la gran empresa de formar "un nido para los dos" y para los que vengan), es tener presente la opinión de los padres sobre la persona de que se trata. En general, no hay amor más desinteresado que el de los padres y, por consiguiente, nadie más adecuado para dar un sabio y prudente consejo a quien, por la edad y por ver todo color de rosa, muchas veces no está capacitado para valorar justamente la idoneidad o no de otra persona para unirse de por vida a la misma. Además, no hay que olvidarse que la experiencia de los padres es mucho mayor: ellos antes ya pasaron por esto y además conocen cientos de casos de noviazgo de familiares, amigos y conocidos. Los novios han de tener bien claro que el fin del noviazgo es este conocimiento mutuo en orden al matrimonio, conocimiento que es causa del amor, ya que nadie ama lo que no conoce, pues "el amor requiere la aprehensión del bien que se ama"[79].

Dicho de otra manera, el noviazgo es un estado preliminar al matrimonio en el que debe darse cierta familiaridad y conversación continuada entre un hombre y una mujer a fin de prepararse al futuro matrimonio. Al decir **preliminar**, afirmamos que no es un estado definitivo (conocemos el caso de un noviazgo de más veinte años en el que la novia preparó cinco veces el ajuar, y el novio se murió sin casarse), y que todavía no son esposo ni esposa.

---

[79] Santo Tomás de Aquino, *Suma Teológica*, I–II,27,2.

3º CONOCIMIENTO LIMITADO

Reafirmando lo anterior, creo que rara vez –por graves motivos– resulta aconsejable un matrimonio sin la bendición de los padres. Generalmente, a la corta o a la larga, los que se casan sin la aquiescencia paterna fracasan en su vida conyugal, y la excepción, que puede haber, hace a la regla.

Ahora bien, el conocimiento mutuo durante el noviazgo es relativo ya que, de algún modo, sólo podrá ser absoluto y total recién en el matrimonio. Muchos, con la excusa de conocerse más, fomentan las relaciones prematrimoniales, de funestísimas consecuencias[80]. Es decir que en el noviazgo se da el "ya, pero todavía no": ya se deben amor, pero no todavía como en el matrimonio. El conocimiento mutuo debe ser tal durante el noviazgo que cause el amor mutuo, uno de cuyos efectos es la unión espiritual entre el amante y el amado[81], ya que no serán dos, sino uno solo en el matrimonio, y deben ir aprendiendo a buscar cada uno el bien del otro como el suyo propio. En el noviazgo debe madurarse la unión de las almas de los novios, y sólo cuando se dé esta unión espiritual –y como consecuencia de esta unión– han de unirse, en el matrimonio los cuerpos, consumándose así la perfecta unidad entre ambos. De lo contrario el resultado es nefasto. Si fuera del matrimonio se busca la unión corporal no hay amor verdadero que quiere el bien del otro desinteresadamente, sino búsqueda egoísta de sí mismo. Si se busca la unión corporal solamente, ¿en qué se diferencia de la de los animales? El amor humano ha de ser amor de la voluntad racional, que ordena las inclinaciones del apetito concupiscible y debe ser imperado por la caridad.

---

[80] Cf. Revista *Mikael*, N° 15, pp. 39/40.
[81] Cf. Santo Tomás de Aquino, *op. cit.*, I–II,28,1.

El hecho de no estar unidos por el sacramento del matrimonio, hace que el noviazgo sea **disoluble**. Por ello, hay que tener la valentía de cortar esta relación si se ve que no lleva a buen término. Aún después de comprometidos, hasta el momento de dar el "sí" en el templo, se puede y se debe –si hay razones– decir "no". ¡Cuántos fracasan desastrosamente en el matrimonio por no haber tenido el coraje de decir "no" en el momento debido! A propósito, conozco un caso realmente fuera de serie protagonizado por una joven heroica: sus padres desaconsejaban tenazmente la boda, el novio era un muchacho haragán y muy irascible; el día del enlace nupcial, el novio la tomó del brazo para conducirla al altar, ella tropezó con su vestido largo y él, de muy malos modos, recriminó a su prometida en estos términos: "¡siempre eres la misma tonta". Llegado el momento del consentimiento, lo dio el novio y cuando el sacerdote preguntó a la novia: "¿Fulana, quieres por esposo a Fulano?", se oyó clara y serena la voz de ella: "No quiero", respuesta que repitió ante la nueva pregunta del sacerdote, en medio del asombro de todos. En la actualidad, está casada, con otro, tiene varios hijos que, cuando se enteren de lo que hizo su madre, no dejarán de agradecérselo por los siglos de los siglos.

4º CONOCIMIENTO RESPETUOSO

Muy extendida y criminal es la creencia de algunos de que los esposos no se deben respeto en el matrimonio. Algunos, especialmente hombres, suponen que todo está permitido durante la relación conyugal, y eso es matar el amor, que siempre debe estar regulado por la razón y subordinado a la caridad, que nos manda cumplir con todos los mandamientos de la Ley de Dios. San Agustín, Doctor de la Iglesia, reprende a los cónyuges depravados que intentan frustrar la descendencia y, al no obtenerlo, no temen destruirla perversamente, diciéndoles: "En modo alguno son cónyuges si ambos proceden así, y si fueron así desde el principio no se unieron por el lazo conyugal, sino por estupro; y si los dos no son así, me atrevo a decir: o ella es en cierto modo meretriz del marido, o él adúltero de la mujer"[82]. Pues bien, si no aprenden a respetarse desde novios, menos se respetarán en el matrimonio, con las consecuencias previsibles. Si no lo hacen durante el momento de los grandes sueños e ideales, no lo harán cuando los devore la rutina. Parafraseando a un conocido autor, podemos afirmar que: "A noviazgo regular corresponde matrimonio malo; a noviazgo bueno, matrimonio regular; sólo a noviazgo santo, corresponde un matrimonio santo".

A modo de consejo, yo diría que nadie debe casarse sin haber encontrado en el otro, al menos, diez defectos. Porque los defectos necesariamente, en razón de la naturaleza caída, existen. Si no se ven en el noviazgo, no hay verdadero conocimiento. No es amor el no querer ver los defectos ajenos. Sí el ayudar a que se superen. Si no se advierten en el noviazgo, aparecerán más tarde, tal vez cuando sea demasiado tarde para poner remedio. Sería vano y tonto el pretender que el otro fuese "perfecto". Habría que casarse recién en el cielo. Debe quedar bien en claro que en el amor verdadero no es todo color de rosa. La realidad es otra. El amor verdadero es crucificado, porque exige el olvido de sí mismo en bien del otro. Sin cruz no hay amor verdadero. El ejemplo nos lo dio nuestro único Maestro, Cristo. El noviazgo —y el matrimonio— no consiste en una adoración mutua, sino en una ascensión en común que, como toda ascensión, es dificultosa: "no es el mirarse el uno al otro, sino el mirar juntos en la misma dirección". Hablábamos de noviazgo santo y esto nos lleva como de la mano a lo que

---

[82] *De nups et concups*, cit. por Pío XI en *Casti Connubii*, nº 23.

constituye el peligro más frecuente para los novios. Y donde resbalan más frecuentemente.

1. LAS AFECTUOSIDADES

Siendo jóvenes y briosos, con el fuego del amor en el corazón, mentalizados por toda una propaganda pansexualista y, a veces, incluso por algún —como los llama el P. Cornelio Fabro— "pornoteólogo"[83], es evidente que en la manifestación del amor mutuo se muestren **demasiado** efusivos. Hay toda una moda, a la que no muchos se sustraen, en bailes, atrevimientos en el caminar juntos, prendidos como ventosas en apasionados e interminables besos, colgados uno de otro como sobretodos del perchero. En lengua culta se los llama **sobadores o magreadores**[84]. A muchos jóvenes les han hecho creer que la esencia del noviazgo consiste en pasarse horas sobándose y sobándose más que cincha de mayordomo. Esos coqueteos, manoseos y besuqueos de los novios y novias sobadores que se adhieren entre sí como hiedra a la pared y que no llegan a una relación sexual completa se realiza, en el fondo, por razón de que los placeres imaginarios son más vivos, más fascinantes, más duraderos, más íntimos, más secretos, y

---

[83] Chiavacci, A. Valsecchi, etc; Cfr. C. Fabro, *La avventura della teologia progressista,* 209; *La aventura de la teología progresista,* Eunsa, Pamplona, 1977, p. 218 y passim.

[84] Magrear: "Sobar, manosear lascivamente a alguien". (Diccionario de la Real Academia).

más fuertes que los placeres y deleites del cuerpo. Es mucho más excitante y más "espiritual", para algunos, el hacer todo como para llegar a la relación sexual, pero quedarse en el umbral. Aún antes de considerar el aspecto moral, esas efusividades desmedidas son de muy deplorables consecuencias:

1) Son causa muchas veces de **frigidez**, sobre todo en la mujer, ya que por un lado siente cierto placer y al mismo tiempo miedo de que las cosas pasen a mayores, por lo que busca reprimir aquello que siente.

2) Según me aseguran algunos médicos, puede ser, en algún caso, causa de **infecundidad** en el matrimonio: el dolor que luego de grandes efusividades sienten en sus órganos genitales ambos novios, es indicio innegable de que la naturaleza protesta por un uso indebido.

3) Generalmente, esas prácticas empujan a la masturbación, y al joven, además, al prostíbulo (donde lo masturban ya que no es un acto de amor lo que allí hace con una prostituta). Lo más grave aún, es que quien está habituado a la masturbación, aún casado lo sigue haciendo, en consecuencia el mismo acto matrimonial deviene en una masturbación de dos. El egoísmo del que cae habitualmente en el pecado solitario es tan crónico que, por resultante, concluye siendo impotente de realizar el acto sexual por amor, como Dios manda. A ello empujan las novias que muy sueltas de cuerpo excitan al novio creyendo que así ellos las van a amar más. No dudo en afirmar que ésta es la **causa principal** de tantas desgracias familiares. Cuando ella o él descubre que el otro lo usa como "objeto", es decir, por egoísmo, la muerte del amor es casi inevitable y de allí, las peleas, rupturas y separaciones. Porque, es preciso decirlo con toda claridad: generalmente, cuando en un matrimonio anda bien lo sexual, todo otro problema encuentra solución fácilmente.

4) No hay que olvidarse de que "aunque todas las potencias del alma estén inficionadas por el pecado original –enseña Santo Tomás– especialmente lo está (entre otras facultades)... el sentido del tacto"[85], que, como todos sabemos, se extiende por todo el cuerpo.

5) Tratándose de seres normales, es muy poco lo que les puede provocar excitación; entonces, hay que evitar completamente todo aquello que pueda producirla. Querer evitar excitaciones y no evitar las efusividades, es como pretender apagar un incendio con nafta. Los novios en el tema de la pureza tienen las mismas obligaciones que los solteros. A la pregunta siempre repetida: "Padre, ¿hasta dónde no es pecado?", algunos responden con la consabida fórmula que se puede encontrar en cualquier buen manual de moral: "mientras no haya consentimiento en ningún placer desordenado". Pero este principio por más que los jóvenes lo tengan grabado en su alma con letras de fuego, pierde toda eficacia cuando se enciende la llama de la pasión; de ahí que lo más prudente es aconsejar a los novios, como se hacía antaño: "Trátense como hermanos". Percibimos la sonrisa socarrona de algunos que se pasan todo el día hablando de "hermanos" (no refiriéndose a esto), mas la experiencia nos dice que eso es lo efectivo e innumerables novios y novias nos lo han agradecido de todo corazón y viven, ahora, un muy feliz matrimonio. Todos los sacrificios que se hagan durante el noviazgo para respetarse mutuamente, son nada comparados con los tan grandes y dichosos frutos que, por esos sacrificios, se tendrá en el matrimonio. Todo lo que los jóvenes hagan en este sentido no terminarán de agradecerlo el día de mañana, porque redundará en la felicidad del cónyuge, en la felicidad de los hijos y en la felicidad de quienes los rodeen. Y, por el contrario, lo que no hagan en este sentido, dejándose

---

[85] *Op. cit.,* I–II, 83, 4.

arrastrar por el torbellino de la pasión, será causa de amarga tristeza, de grandes desilusiones y frustraciones. El fruto del egoísmo no puede ser la alegría ni la paz. La alegría es la expresión de aquel "a quien ha caído en suerte aquello que ama"[86].

En el caso de esa profanación anticipada del sacramento del matrimonio que son las **relaciones prematrimoniales**, la mujer lleva la peor parte:

- pierde la virginidad;
- se siente esclavizada al novio que busca tener relaciones cada vez con mayor frecuencia;
- no puede decirle que no, porque tiene miedo que él la deje, reprochándole que ella ya no lo quiere;
- vive con la gran angustia de que sus padres se enteren de sus relaciones;
- participa de las molestias del acto matrimonial, sin tener la seguridad y la tranquilidad del matrimonio...

El novio, por el contrario, no tiene apuro en concretar la boda, ya que obtiene beneficios como si estuviera casado, sin estarlo, y además, el hombre no queda embarazado –por lo menos hasta ahora–; la mujer sí, y éste es un peligro demasiado real como para que ella no lo tema.

Si ocurre el embarazo, generalmente se empuja a la mujer al **aborto** –"crimen abominable" lo llama el Concilio Vaticano II[87]– que es la muerte injusta de un ser humano inocente, indefenso y sin bautismo, y es la mujer quien conservará toda la vida el remordimiento del cobarde acto cometido[88].

---

[86] Josef Pieper, *Una teoría de la fiesta*, Rialp, Madrid, 1974, p. 32.

[87] *Gaudium et Spes*, 51.

[88] "El aborto, hoy legalizado en algunos países, es un pecado gravísimo contra el quinto mandamiento, pues es un homicidio triplemente calificado por los agravantes de matar a un ser totalmente

Además si ya en el noviazgo se ha derribado toda barrera, ¿qué le quedará a la mujer cuando en el matrimonio —¡si es que llega!— sea solicitada sin arreglo a la razón o a la moral? Si no supo respetarse y hacerse respetar en el noviazgo, será imposible, salvo excepción, que se la respete en el matrimonio. Si llega a la boda, lo hará sin alegría, sin ilusión, sin esperar recibir nada ni poder dar nada nuevo. Y luego, muchas veces, al tener alguna discusión en su matrimonio, escuchará con dolor el reproche de su marido que no dejará de recordarle su vergonzoso pasado. Por eso la novia debe — amablemente— poner las cosas en su lugar antes de que la pasión hable más fuerte que la razón.

La Iglesia Católica, al defender a capa y espada la santidad matrimonial no ha hecho otra cosa, durante ya casi veinte siglos, que defender a la mujer, "que es un vaso más frágil" (1Pe 3,7) y a los hijos que son los que sufren cuando se alteran las leyes divinas que rigen al matrimonio. Desde el siglo I, la Iglesia es la mayor defensora de la familia, al haber luchado siempre para que la mujer no fuese convertida en un mero objeto de placer, ni los niños en meros hijos de incubadora.

---

inocente, indefenso y sin bautismo, privándolo así de la vida eterna, infinitamente superior a la vida temporal" (*Catecismo* de San Pío X, ed. Cruz y Fierro, 1976, p. 64, n° 1).

CIC 2272: La cooperación formal a un aborto constituye una falta grave. La Iglesia sanciona con pena canónica de excomunión este delito contra la vida humana. "Quien procura el aborto, si éste se produce, incurre en excomunión latae sententiae", es decir, "de modo que incurre ipso facto en ella quien comete el delito", en las condiciones previstas por el Derecho. Con esto la Iglesia no pretende restringir el ámbito de la misericordia; lo que hace es manifestar la gravedad del crimen cometido, el daño irreparable causado al inocente a quien se da muerte, a sus padres y a toda la sociedad.

2. LA FRECUENCIA EN EL TRATO

Una de las más funestas costumbres que se han ido imponiendo en el noviazgo, es la gran frecuencia con que se encuentran. Ello es generalmente nocivo, porque, muchas veces, hace perder frescura al amor, los somete a la rutina y va matando la ilusión. En gran parte, se debe a que los hombres nos hemos olvidado del sentido profundo de los ritos y del sentido profundo de la fiesta. Sobre el primero escribe admirablemente Saint–Exupèry: "Hubiese sido mejor venir a la misma hora —dijo el zorro—. Si vienes, por ejemplo, a las cuatro de la tarde, comenzaré a ser feliz desde las tres. Cuanto más avance la hora, más feliz me sentiré. A las cuatro me sentiré agotado e inquieto: ¡descubriré el precio de la felicidad! Pero si vienes a cualquier hora, nunca sabré a que hora preparar mi corazón... Los ritos son necesarios.

– ¿Qué es un rito? –dijo el principito.

– Es también algo demasiado olvidado –dijo el zorro–. Es lo que hace que un día sea diferente de los otros días; una hora, de las otras horas. Entre los cazadores, por ejemplo, hay un rito. El jueves bailan con las muchachas del pueblo. El jueves es, pues, un día maravilloso. Voy a pasearme hasta la viña. Si los cazadores no bailaran un día fijo, todos los días se parecerían y yo no tendría vacaciones"[89].

---

[89] *El Principito*, EMECé, Bs. As., 24ª ed., 1970, pp. 69/70.

Respecto de la fiesta dice también, magistralmente, Hans Wirtz: "El hábito, la costumbre, es la escarcha del amor. Lo que vemos, oímos y tenemos a diario, pierde su matiz de inusitado y raro, deleitoso. Al final llegamos a beberlo sin apreciarlo, sin sentir su sabor, como si fuera agua. Los novios no pueden cometer mayor error **que el estar juntos con excesiva frecuencia**. Cuanto más escaso, tanto más apreciado. **Pensar** siempre uno en otro; **anhelar** continuamente la presencia del otro, pero... **estar juntos** lo menos posible. El encuentro ha de ser siempre una fiesta"[90]. Y no pueden celebrarse fiestas todos los días.

¡Cómo aburren esos pretendientes de todos los días a todo el resto de la familia! Muchas veces se pierde la intimidad del hogar: los padres no pueden ver televisión tranquilos, aumentan los gastos de comida, incluso la novia deja de arreglarse convenientemente, a veces no terminan sus estudios y, lo que es más grave, pierden el trato con sus propios amigos. La relación entre los novios debe ser gradual, paulatina, debe dejar tiempo para el conocimiento mutuo, maduro y serio. Por eso los novios han de comenzar siendo compañeros, luego amigos, más tarde pretendientes, y recién cuando se eligen, "filo" (como se decía antes, del italiano popular filare: galantear, cortejar[91]). Hasta aquí no hay ninguna decisión. Más tarde novios, cuando entran en la casa para "pedir la mano" de la joven, realizándose la mutua promesa de fidelidad y de matrimonio futuro, una vez conocido el carácter y las dotes (físicas, psicológicas, morales, culturales y religiosas) del otro, para ver si se pueden adaptar a su modo de ser. "Pedir la mano" es una hermosa expresión que significa que el joven varón pretende hacer esposa a determinada mujer.

---

[90] *Del eros del matrimonio*, p. 32, cit. Ramón de Muñana S.J., *Verdad y vida*, Ed. Mensajero del Corazón de Jesús, Bilbao, año 1949, Tomo II, p. 715.

[91] José Gobello, *op. cit.*, p. 16.

Una palabra para quienes se frecuentan en lugares solitarios y, las más de las veces, oscuros: enseña la palabra de Dios: "Huye del pecado como de la serpiente" (Ecl 21,2) a lo que comenta San Isidoro: "Imposible estar cerca de la serpiente y conservarse largo tiempo sin mordeduras"[92].

Ciertamente que "quien ama el peligro, perecerá en él" (Ecl 3,27) ya que la ocasión hace al ladrón; y si se frecuentan los novios –hablo de los normales– en lugares solitarios y oscuros, eso es ponerse en ocasión de pecado y como dice San Bernardo: "¿No es mayor milagro permanecer casto exponiéndose a la ocasión próxima que resucitar a un muerto? No podéis hacer lo que es menos (resucitar a un muerto) ¿y queréis que yo crea de vosotros lo que es más?"[93]. Hay que tener bien en claro que en el noviazgo no hay ningún derecho a los actos carnales, los cuales, consumados o no, son pecado. No así en el matrimonio.

---

[92] *Soliloquio*, L. 2, cap. 4.
[93] *Sermones sobre los Cantares*, Obras completas, BAC, Madrid, año 1955, Tomo II, Sermón 65, nº 4, p. 430 (paréntesis nuestro).

3. PREOCUPACIÓN DE LOS PADRES

Los padres deben aconsejar a sus hijos respecto de sus novios, procurando informarse acerca del candidato y su familia, controlando discretamente sus tratos, espaciando las visitas, recordándoles la obligación de sus deberes de estado, no quitándoles su ilusión pero haciéndoles tomar contacto con la realidad.

Dice con mucha gravedad San Alfonso María de Ligorio: "Habrá padres y madres necios que verán a sus hijos con malas compañías, o a sus hijas con ciertos jóvenes, o frecuentando reuniones de doncellas, o hablando a solas unos con otras, y los dejarán seguir así con el pretexto de que no quieren pensar mal. ¡Tontería insigne! En tales casos están obligados a sospechar que puede surgir algún inconveniente, y por esto deben corregir a sus hijos, en previsión de algún mal futuro"[94].

Y ello no porque desconfíen de sus hijos, sino porque conocen la naturaleza humana caída por el pecado original y porque saben que sus hijos no conocen todo y no pueden, por tanto, defenderse de los peligros que los acechan.

---

[94] *Obras ascéticas*, BAC, Madrid, 1954, Tomo II, p. 887.

EDAD

— Padre, ¿a qué edad hay que ponerse de novio?, es una pregunta que escuchamos con frecuencia a la que siempre respondemos invariablemente:

— El amor no tiene edad: conocemos matrimonios muy felices que se pusieron de novios de muy jóvenes, y también, de aquellos que se conocieron siendo más grandes.

En general, es desaconsejable el noviazgo de muy jóvenes, por varias razones:

1. No tienen la madurez que dan los años.

2. No tienen plena responsabilidad.

3. La perspectiva de un noviazgo, necesariamente largo, es siempre peligrosa, el amor puede enfriarse con el excesivo transcurso del tiempo.

4. Pierden —literalmente— los mejores años de la juventud, incluso el trato con sus amigos o amigas que es de gran importancia para la vida.

5. Muchas veces decae el interés por la carrera o la formación profesional.

6. El conocimiento del campo de elección del novio o la novia es, necesariamente, muy estrecho cuando jovencitos. Con los años, normalmente se amplía el círculo de conocidos y de amistades y la elección puede hacerse mejor.

Es totalmente enfermiza la preocupación de niñas de catorce años por conseguir novio porque de lo contrario, piensan que van a quedar solteras: ¡Es el efecto de tanta telenovela! ¡Todavía no terminaron de jugar a las muñecas y ya hasta las mismas madres, a veces, las empujan al noviazgo!

Debe respetarse la naturaleza de las cosas. En el noviazgo pasa como con los frutos, necesitan tiempo para madurar, pero si no se sacan a tiempo, caen y se echan a perder; si no se da el tiempo necesario al noviazgo, el matrimonio está verde todavía; pero si está maduro y no se realiza, generalmente, se corrompe. Por consiguiente, conviene no apurar demasiado el casamiento, pero tampoco dejar pasar el tiempo oportuno, que es lo que les acaece a los que inician el noviazgo muy jóvenes.

Finalmente hay que destacar que las grandes diferencias entre los novios, de nivel económico, de cultura, de edad, de religión, son generalmente un obstáculo que conduce al fracaso en el matrimonio. Los cónyuges deben ser, en cierto modo, semejantes, ya que es la semejanza la causa del amor. En efecto, enseña Santo Tomás de Aquino que dos son semejantes en cuanto poseen en acto una misma cosa y por esto mismo son uno en esa cosa. Por eso el afecto de uno tiende al otro, como a sí mismo, y quiere el bien del otro como el de sí mismo[95]. Sólo si es así el amor entre los novios serán felices en el matrimonio, y se realizarán los efectos del amor: la unión; la mutua inhesión, esto es, que el amado esté en el amante y viceversa; el éxtasis, es decir, el salir de sí mismo procurando el bien del otro (es lo opuesto al egoísmo, que es cerrarse sobre sí mismo); el celo (no el celo envidioso, sino el que busca apartar todo lo que es obstáculo del amor). El amor causa una herida en el que ama, que lo impele a obrar siempre movido por el amor[96].

[95] Cf. *op. cit.* I–II,27,3.
[96] *Ibidem,* I–II,28.

4. LA DIMENSIÓN RELIGIOSA DEL NOVIAZGO

¿Cuál es la señal más evidente por la que se puede tener la certeza de que los novios se aman de verdad? La señal indubitable es el crecimiento en el amor a Dios. Noviazgo en el que no se ame a Dios, es señal de seguro fracaso en el matrimonio; noviazgo en que el amor a Dios sea un excusa para amarse ellos, señal de futuro matrimonio inestable y quebradizo, noviazgo en el que se ame a Dios sobre todas las cosas, señal de que realizarán un sólido matrimonio "fundado sobre roca" (Mt 7,25): caerá la lluvia de las dificultades, vendrán los torrentes de sacrificios, soplarán los vientos de calumnias, pero el matrimonio permanecerá enhiesto. La falta de este amor a Dios, "con todo el corazón, con toda el alma, con toda la mente y con todas las fuerzas" (Mc 12,30), es la primera y principalísima causa de los fracasos matrimoniales. Cuando Dios es el "convidado de piedra" en el hogar, poco a poco se volverán "de piedra" (cfr Ez 26,26) también los corazones de sus miembros. En cambio cuando todos los integrantes de la familia cumplen ese "primer y mayor mandamiento" (Mt 22,38),

No hay problema sin solución,

No hay día sin alegría,

No hay obra sin mérito,

No hay cruz sin consuelo,

No hay trabajo sin satisfacción.

Muchos son desgraciados porque no han seguido la voluntad de Dios. Dios los llamaba a algo más grande, más sublime, pero se hicieron los sordos y siguieron su propio gusto y no terminan de encontrar consuelo a su penoso extravío. Por ello, quien quiera de verdad que Dios reine en su noviazgo y luego en su matrimonio, antes debe estar dispuesto a seguir la vocación que Dios quiere. Si Dios quiere a un joven como sacerdote, jamás será feliz casándose y lo que es más, ni su esposa ni sus hijos serán felices. Si una joven no sigue el llamado de Cristo a ser su esposa, andará siempre muy alejada de la felicidad. Todos se dan cuenta de que si Dios llama al matrimonio no se puede ser feliz como monje, pero muy pocos alcanzan a ver que al revés, tampoco. Sabido que Dios nos quiere en el matrimonio, tenemos que elegir a la otra parte según Él: para esto debemos rezar siempre pidiendo por la esposa o el esposo que Dios nos tenga destinados, como así también por los hijos.

Además los novios deben formarse examinando en común la verdadera concepción del matrimonio, sus deberes y derechos; deben conocer la doctrina católica sobre el mismo, leyendo los documentos pontificios sobre el tema, tales como las Encíclicas **Casti Connubii** de Pío XI, la Constitución pastoral sobre la Iglesia en el mundo actual **Gaudium et Spes**, nn. 46–52, **Humanae Vitae** de Pablo VI, **Familiaris Consortio** de Juan Pablo II, etc. Buenos libros, como **Casados ante Dios** de Fulton Sheen, **Cristo en la Familia** de Raúl Plus, **Amor y responsabilidad** de Karol Wojtyla, etc. Deberían también aprender a cultivarse gustando de la buena música, del teatro culto, de la buena literatura del país y universal, de la pintura... Deberían comprometerse en el trabajo apostólico, incluso asociativamente, en parroquias, capillas o movimientos, dando a los demás tanto que han recibido de Cristo y, ¿por qué no?, en la medida de lo posible, en alguna obra de caridad, como visitar hospitales, sanatorios, cotolengos... O sea, cultivar la inteligencia adhiriéndose a la verdad, la voluntad practicando la caridad –que los ayuda a salir de sí mismos– y la sensibilidad gustando de la belleza.

En fin, mantener siempre bien altos los sueños dorados y las juveniles ilusiones de formar un hogar único en el mundo. Sabiendo que el mismo Dios asocia a los esposos como co–creadores en su gran obra. Entendiendo que Jesucristo los necesita como maestros, guías y sacerdotes en esa "Iglesia doméstica"[97], que es la familia católica. Comprendiendo que están destinados a una de las obras más santas, laudables y meritorias, como es la de engendrar hijos para la Iglesia, ciudadanos para la Patria, y santos para el Cielo. Amasando su noviazgo con oración, frecuencia de sacramentos, participación en la Santa Misa dominical, tierna devoción a la Santísima Virgen María, lectura de la Palabra de Dios, fidelidad a la Iglesia de siempre, con un trato familiar a los santos de su devoción y así irse santificando más y más cada día. Aquí podemos decir que "novios que rezan unidos, forman un matrimonio unido".

Los sacerdotes católicos tenemos la dicha inmensa de conocer jóvenes de ambos sexos que son modelo de castidad. Algunos –más de lo que la gente o los Kinsey's Report dicen– que jamás han manchado sus almas con ningún pecado carnal conservando su inocencia bautismal, que son los que forjarán los más sólidos, fecundos y felices hogares. Una propaganda diabólica busca llevar a la impureza a los jóvenes, diciéndoles inclusive, que "todos son igual" o que "todas son igual", eso es falso de toda falsedad. Puedo asegurar a los jóvenes que hay muchos que serán grandes padres de familias y muchas heroínas en su hogar, por vivir ejemplarmente la castidad; en fin, que por la gracia de Dios conoceremos todavía padres y madres, esposos y esposas amantísimos que como bellas flores han de brillar

---

[97] *Lumen Gentium*, 11.

aun en los peores pantanos morales, para honra y prez de la Iglesia y de la Patria.

Jesucristo, "es el mismo ayer, hoy y siempre" (Hb 13,8) y siempre suscitará novios y novias santas que con todo amor y fidelidad lo seguirán a él, porque es el único que "tiene palabras de vida eterna" (Jn 6,68).

ÍNDICE

New York – 2007